公務員が議会対応で困ったら読む本

田村一夫［著］

学陽書房

はじめに

本書は、私が自治体の管理職・常勤特別職（副市長）として培ってきた25年間の議会対応のノウハウをまとめたものです。

議会対応に苦手意識を持っている方、はじめての議会経験で何から手をつけてよいかわからず不安を感じている方はもちろん、議会対策があるから管理職試験にチャレンジできないという方にも、この1冊に集約したノウハウを参考にしていただければ幸いです。

私の議会答弁デビューは33歳で防災消防担当副参事になったときでした。議員から事前に質問内容を告げられ、準備万端で待機していたものの、はじめて入る議場、緊張感漂う雰囲気、それだけで心臓はバクバク、喉がカラカラ状態。結局は質問されず、私の最初の議会答弁は空振りに終わりました。

議会答弁の怖さを実感したのは、翌年の決算特別委員会で、「消防団の運営に関わる経費で地元の自治会がどのくらいの負担をしているのか」と、A議員から質問されたときです。手元に資料がなく頭の中は真っ白。どうしたらよいのかわからずオロオロした挙げ句、部長からの指示で「ただいま資料が手元にございませんので、しばらくお待ちをいただきたいと思います」とやっとの思いで答弁し、慌てて係長に資料を探してもらうように指示しました。

その間も消防費関連の質疑が続けられ、必死の思いで答弁を続けていると、ようやく資料が到着しました。しかし、A議員の質問は終わっているので、どうしたらよいかわかりません。このときも、部長に指示されて「まずA議員の先ほどのご質問、大変時間をとらせて申し訳ございません。自治会の負担でございますが、多いところで37%くらいの負担に、また少ないところでは3%程度の自治会負担になっているようなところでございます。続きまして防災行政無線の関係でございますが……」と、2人の議員質問に答える羽目になりました。

このときは、幸い部長からの指示で乗り切ったものの、当時は、このような困った状況に置かれたとき、その答えを簡単に知る術はありませんでした。議会対策のノウハウ本やマニュアルなどはなく、管理職になってから、自分でトライ&エラーを重ね、先輩の技を盗み取り身につけるしか方法がなかったように思います。

数年間かかりましたが、多くの先輩方に鍛えられ、事前準備もポイントがわかるようになったことで負担感はなくなり、年4回の口頭試問で議員には負けられないと気合いが入るようになりました。

また、人事を担当するようになってからは、議会対策が面倒だから管理職にはなりたくないと思う優秀な職員がいることに直面し、この状況が続くことは行政組織の損失であると考えるようになりました。そこで、限られた範囲ではありますが、部下を育てるために議会対策のコツを伝授してきました。

本書では、こうした経験を踏まえ、基礎知識から、議員取材などの事前準備、議会答弁、議員との日常的対応、係長として議会に携わる際のポイントまで、101の困った状況の解決策について、エピソードを交えて解説しています。

議員も職員もそれぞれ個性が異なり、対応の方法は幾通りもあります。議会対応に正解はありませんが、まず、その基本を知らなければ前に進むことはできません。**基本を知り、困難事例での対応方法を知ることで、自分なりのスパイスを加えた議会対応ができるようになります。**

そして、議会対応は議員だけが注目しているのではありません。確かに、議員は自分の質問にどのように答えるかを見ながら、皆さんの管理職としての能力を見極めています。議会対応をきっちりできる管理職には一定の評価をした上で、信頼し、行政サービスの向上に向けた質疑をしてきます。同時に職員も管理職の議会対応を見ています。議会対応が上手くできるかどうかで、庁内での評価・注目度・信頼度が変わってきます。

本書を参考に、皆さん自身で議会対応というハードルを乗り越え、それぞれの自治体で活躍していただくことを願っています。

田村 一夫

PART.1 はじめての議会で困ったとき 基礎知識編

PART.2 事前準備で困ったとき 準備編

PART.3

議会答弁で困ったとき 実践編

PART.4

議員への日常対応で困ったとき

議員対応編

PART.5 係長が議会対応で困ったとき 係長編

PART.

1

はじめての議会で困ったとき

基礎知識編

PART.1

1

議会にどんな姿勢で臨めばよいか知りたい

議会は自治体の意思を決定する議決機関であり、どんなに素晴らしい政策であっても、議員過半数の賛成を確保しなければ執行できない。

実際には、提案した議案が全議員の賛成で可決されることは少ないと思うので、1人でも多くの賛成者を増やすことが管理職の役割である。

重要なことは、議員に対して理解してもらう努力を続け、**議案成立のために信念を持った答弁をする**こと。そして、答弁は質問議員だけが理解できればよいということではなく、他の議員にも理解してもらい、過半数の賛成確保に努めることが重要である。

執行部側の考えを議員に理解してもらうには、管理職自身が議員のことを理解することが欠かせない。まず押さえておきたいことは、議員は市民の代弁者であるということだ。

議員は4年に1回の選挙によって市民から選ばれる。したがって、市民の声に敏感な立場であり、質問も市民の要望・市民の声を代弁していると考えなければならない。議員の質問は市民の声と考え、内容をよく聴き、趣旨を理解し、誠意を持って答える気持ちが大切だ。

そのためには、常に頭は冷静に、心は市民生活を支えるための温かさを失わない「クールヘッド&ウォームハート」の姿勢が求められる。それは議員のみならず、傍聴者をも納得させる武器になる。議論に勝って「説得」することよりも、**結果的には議論は平行線でも「納得」感を高めてもらう**ことが重要だ。

答弁の際には、専門的な行政用語やカタカナ語、略語などは極力使わず、質問した議員だけではなく、傍聴者にも理解できるように、わかりやすい答弁を心がけるべきだ。専門的な用語を使って「煙に巻いてやろう」などの考えは失敗のもとである。

議員が市民の代弁者であるのに対して、職員は行政組織の代弁者ということになる。

本会議での議案説明や一般質問に対する最初の答弁は理事者が行い、再質問に際しては部長答弁が、予算・決算特別委員会や個別の常任委員会のときは部課長答弁がメインとなり、課長の出番も増える。特に、細かな事業内容・実績の答弁は課長が担当することになる。

自分が課長として実際に答弁に立つ際は、「困ったときには部長に助けてもらおう」などと考えてはならない。上司の出番をなくすくらいの意気込みで臨みたい。

クールヘッド&ウォームハートの姿勢で答弁しよう。

PART.1

2

何から準備を始めればよいかわからない

はじめて管理職になったとき、新しいセクションに異動したときは、自分の仕事のペースがつかめた段階で議会対策を始める。議会直前になって対策を考え始めるようでは遅い。

最初に行うべきことは、議会会議録を過去3年までさかのぼって読み込み、**担当事務に関する一般質問や予算・決算審議の動向を確認し、質問と答弁の概要をメモする**ことだ。それによって、少なくとも前任者と食い違った答弁になってしまい混乱することは避けられる。

担当課長の不注意で、組織的な合意手続きもしないまま従来の答弁を変えてしまうことは許されない。また、前任者が約束したことも引き継がなければならない。前任者が前向きな答弁をしたにもかかわらず、それよりも後退した答弁では議員も納得しない。

同様に、決算時に作成する決算概要・事務報告書・事業カルテなどから、**担当する事業の根拠や経年的な事業推移を確認**しておこう。特に事業の法的根拠などは、議会でいきなり質問されると、意外と答えづらい内容なので最初に頭に入れておく。

できれば、それらのデータは単にコピーして保存するのではなく、自分なりにA4ペーパー1枚にまとめて、ファイリングしておきたい。私は、課長当時から議会対策用のファイルを作り始め、議会のたびに更新してきた。副市長当時も厚さ5センチほどのファイル3冊を「議会答弁用虎の巻」として有効活用した。

当然のことだが、管理職としては提出議案の内容だけではなく、関連する法令・条例などを把握し、都道府県や近隣自治体の動向等の関連する情報収集に努め、整理しなければならない。**所管する事業に関連する数値や現場を見て知っていることが議会答弁で大いに役立つ。答弁に臨場感を持たせることができるからだ。**特に、議員は現場を知った上で質問をするので、答弁者側も日常業務の中で、時間があれば積極的に現場をチェックしておくことが望ましい。

万全な準備は裏切らない。議会では何を聞かれるのかわからないので、ここまでは必要ないと思えるくらいの準備をすれば、答弁の際に間違いなく余裕が出る。だから、私は準備した資料をすべて使い切るのではなく、むしろ使わない資料があるほうがよいと考えている。その使わなかった資料も、議会データとして整理・保存しておけば今後必ず役に立つ。

万全な準備が心の余裕を生み出す。

PART.1

3

準備を部下にどこまで任せてよいかわからない

はじめて管理職になったときに部下にどこまで任せてよいのか迷うときもある。

自分自身が係長当時に答弁書や資料作りをしているのであれば、できるだけ部下に任せることで、自分の時間を有効に活用できる。任せる場合も丸投げではなく、過去の答弁を確認し、その方向性のままでよいのかなどの指示や求める資料の概要を示して準備させる。

もし、自分が係長当時にそういった準備をまったく経験していないのであれば、少なくとも1年間は自分が中心になって議案提案理由書や一般質問答弁書を書いてみよう。そこで、上司からチェックが入れば、書き方のコツが早く身につく。また、関係する資料についても、部下任せにはしないで、自分で準備したほうが自信を持てる。何よりも、自分自身が慣れることが必要だ。

ある程度慣れた段階からは、議案提案理由書や一般質問答弁書について、部下の育成のためにも、できるだけ元原稿を部下に作らせることが望ましい。部下が原案を作り、自らが修正し、上司に上げ、最終的には市長・教育長まで複数の目で順次チェックが入るようにする。

また、**答弁書に直しが入った場合にはその理由を確認し、部下の答弁書を直す場合には、なぜ直すのかも説明できるとよい。**

資料については、部下のデータをそのまま資料として持っているのではなく、その内容を頭に入れるためにも、できるだけ自分が使いやすいようにアレンジし、自分なりの注釈やメモを入れて作り直そう。そうすれば、答弁時にも議員の質問に関するデータがどこにあるのかを記憶できているので、すぐに資料を取り出し、資料を確認しながら落ち着いて答弁できる。

しかし、実際の管理職の議会準備を見ていると、部長が課長の仕事をして、課長が係長の仕事をしてしまっているケースが多いように思う。これは本末転倒で、課長は部長の仕事を、部長は理事者の仕事をすることが重要だ。当然、係長には課長の視点で仕事ができるように指導しなければならない。

係長は課長の仕事を、課長は部長の仕事をする意識を。

PART.1

4

答弁内容の事前調整をどうすればよいかわからない

一般質問であれば、通告書に基づき答弁書を作成することになるから、事前の内部調整も可能で答弁の方向性にぶれが生じることはないと思う。その上で、課長である自分が答弁することではないが、**部長からの指示がなくても想定質問を考え、それに対する答弁を作っておくこと**まで準備するように心がけてもらいたい。

それは、部長の答弁に際しての参考になるし、部長がその他の準備をする手助けにもなる。その過程で、答弁の方向性がわからないようなときには事前調整することを勧める。このような作業をすることで、実際に質問されなくても自分の議会答弁スキルを磨くことにもなる。

予算・決算や議案審議などの際には、どのような質問をされるかわからず、想定質問を作るのが難しいが、過去の質問状況から予測することも可能である。議員は**経年的な変化を執行部側がどのように認識しているかという点や昨年との比較で何が前進したのか、何が新しい課題と考えるようになっているのか**などを質問する傾向が強い。特に予算・決算や議案など委員会の審議では、担当課長が中心となって答弁することになるので、万全の準備が必要になる。

答弁の方向性で迷ったとき、過去の答弁内容とは変えなければならないようなときには、あらかじめ上司と答弁の方向性について確認しなければならない。部長が忙しく時間がとれない場合には、そのようにしなければならないと考えた背景や客観的なデータ、変更する場合のメリット・デメリットなどを簡潔にまとめ、メモなどのやりとりで時間を節約すればよい。したがって、想定質問を含めた答弁準備は早めに行うことが必要である。

いくら準備しても完璧にすることは難しい。質疑が進行している最中に想定外の質問が出ることや、事前に調整した内容では答弁が難しいケースも必ずある。

そのときには、議場内で緊急に答弁調整しなければならない。その場合は、部長が議長に「調整する時間をお願いします」と発言し、時間の猶予をもらわなければならない。場合によっては理事者と答弁調整する必要も出てくる。

そのような緊迫した場面では、上司が答弁することが望ましいが、その場合でもすべてを上司に委ねるのではなく、課長は少なくとも事務的な説明を露払い的に行った上で、上司の答弁にバトンタッチすべきである。

☑ 想定質問の作成を含め、答弁調整は早めに着手する。

PART.1

5

議場でのルールがわからない

議員の発言時間、再質問の回数、議員の呼び方、職員側が答弁する場所などのルールは、自治体によってさまざまである。詳しくは、それぞれの議会運営規則などを確認してもらいたい。最近は議会審議の様子をインターネット中継する自治体が増えているので、その映像からもおおよそのルールがわかるはずだ。どの自治体でも共通するルールは、次のとおりである。

議場内で答弁する際に、**議員の質問が終わり着席した段階で、議長にわかるように挙手し、所属と名前を名乗る**（議長はすべての管理職の名前を覚えていないので、いちいち管理職名簿を確認しなくても指名できるようにする）。議長の指名を受けてから起立し、議長に一礼し、答弁台まで行き、一礼し、一呼吸する。気持ちを落ち着けた上で、ゆっくりとした口調で自信を持って議場全体に聞き取れる大きさの声で答弁する。答弁終了後も一礼し、自席に戻る。なお、議場内の自席で答弁するケースでも同様に、挙手をして、課長の場合は所属と名前を名乗り、議長の指名を受け、起立一礼して答弁する。答弁終了時も一礼して着席する。

部長職の場合は、議長も覚えているので、所属と名前は名乗らなくてもよい。ただし、複数の所管に関わる質問などの際には、どの所管が答弁するか、議長がわからないこともあるので、ハッキリと「議長、○○部で答弁します」と所属を名乗りながら挙手をする。

予算・決算特別委員会などは委員会室ではなく議場での審議が多いので、本会議と同様の対応をする。課長職で議場内に席がない場合には、議場に隣接している理事者控室で質問を聞き、議員の質問が終わった段階で議場に入り、挙手をして、以降は本会議と同様に行う。再質問が続くときはその度に入退室を繰り返すのではなく、議場内にある予備席を利用する。

常任委員会などの場合は、委員会室で審議が行われるので答弁台ではなく、委員会室内の自席で答弁するが、その際も議場内と同様に、挙手し、所属と名前を名乗り、起立して答弁する（自治体によっては着席のまま答弁するところもあるが、その場合にも、挙手、所属・名前を名乗ることは同様に行う）。

なお、議員の質問についても議会によってさまざまなルールがあるが、多くの議会では議員の発言時間を制限している。そのため、質問に対しては明快かつ簡潔な答弁を心がけよう。

「議員の質問は長く、答弁は短く」が基本である。

答弁の際はまず挙手し、所属・氏名を名乗る。

PART.1

6

答弁の基本パターンを知りたい

答弁するときの態度は重要である。質問者だけではなく、他の議員や傍聴者を見ながら堂々と答えることが大切だ。

その上で、すべての答弁は「YES・BUT方式」を基本にする。

議員の質問は市民の声だと考え、まず肯定的に受け止めることから始める。最初から否定的に受け止めてしまうと、議員も「顔を潰された」と思い、ヒートアップしてしまう危険性がある。**いったんは肯定的に受け止めることで、結論が要求を受け入れられない場合であっても、議員の顔を潰してしまうことは避けられる。**その上で、執行部側の言い分を答弁する。

議員の要求を拒否したり、発言趣旨を否定したりするにしても、「BUT」の理由を丁寧に付け加えれば、相手のプライドを傷つけずに攻撃性を弱めることができる。

また、答弁するときは、自分なりの「枕詞」を用意しておくとよい。

例えば、私は、課長当時は「○○について、ご説明します」、部長になってからは「○○のご質問について、お答えします」というように使い分けてきた。それは、部長答弁と課長答弁の違いを明確にするためだ。その他にも、議員の質問を繰り返して「○○というただ今のご質問に……」や「○○議員のご質問に……」など、**自分のお決まりの枕詞を用意しておくと、自分の答弁スタイルが確立され、落ち着いて答弁できる。**

答弁には議会ならではの「定型フレーズ」がある。臨機応変に使えるよう身につけておこう。

・「確認する」……事実を確認する。
・「調査する」……主に外部の情報を収集し、実態把握をする。
・「研究する」……実施可能性を勉強する意味で、検討よりも消極的なニュアンス。
・「検討する」……実施できる可能性はあるが、執行部側としての方針が未定の場合に使う。
・「前向きに検討する」……実施の可能性が高く、取り組むことが効果的な場合に使う。
・「対応する」……何かをしなければならないと判断したときに使う。
・「実施する」……執行部側の取組み方針が決まっている場合に使う。
・「いかがなものか」……同意・賛成できない場合に否定的な意味合いで使う。

答弁は「YES・BUT方式」が基本。

PART.1

7

答弁する際の話し方のコツを知りたい

答弁で大切なことは、**執行部側としての考えを明確に伝えるという姿勢と、理事者に代わって答えているという自覚**である。そのためにも答弁者は自信を持って答えなければならない。

実際に答弁台に立ったときは、声の大きさに注意する。

議員に聞こえないような小さな声でぼそぼそ話していたのでは、せっかくの答弁も台無しになってしまう。普段から話し声が小さい人は、できるだけ大きな声で語尾までハッキリとわかるように発言することを心がけたい。声の音量は、議場全体に行き渡る程度にして、過度に大声を出す必要はない。私は、まだ答弁に慣れていない頃、必要以上にマイクに顔を近づけすぎ、なおかつ大きな声を出してしまっていたために、速記者が思わずイヤホンを外していたと、後で部長から笑われたことがあった。

普段から早口な人は、早く答弁を終わらせて、緊張から抜け出したいという意識も加わり、さらに早口になりがちなので、気持ちゆっくりと話すように心がける。

目線は、質問議員を見ることは当然だが、余裕ができれば**質問者以外の議員や傍聴者まで意識する**こと。そうすれば、質問議員だけではなく議場にいる人全員に理解してもらいたいという気持ちが通じる。

また、原稿を見たままの答弁は厳禁である。下を向いたままになり、誰に答弁しているのかがわからないので、質問議員も誠意ある答弁とは感じられなくなってしまう。理事者の第一答弁は答弁書を間違えないように読まなければならないので下を見る傾向もあるが、再質問以降の答弁者は原稿の朗読になるのはできるだけ避けたい。

答弁するときの姿勢は背筋を伸ばし、胸を張り堂々としてもらいたい。背中を丸め、かがんでいるような姿勢では自信を持った答弁には聞こえないので、猫背な人は特に注意してもらいたい。また、**答弁台に両手を軽く添えておくと気持ちが落ち着く**だろう。

答弁は質問議員だけではなく、他の議員や傍聴者にも理解してもらうためにできるだけわかりやすく話すことを心がけたい。そのためには、具体的な事例を取り上げて話すことや実際の現場の状況、過去の経過について数値を用いて説明しよう。

答弁は自信を持って大きな声で、語尾までハッキリ話す。

PART.1

8

議場に何を持ち込めばよいかわからない

いよいよ議会での答弁が予定される日の前日は、準備した資料を再確認し、最終的に気になった点が残るのであればその関連資料を追加する。

自分で「ここは質問されるな」と思った部分には、付箋紙などを貼り付け目立たせる。そして、質問項目ごとに区分してまとめておく。質問が複数の項目に分かれているようであれば、その項目ごとに手提げの紙袋やエコバッグなどを用意し、別々に入れておく。答弁当日は、準備した袋の中身を再チェックする。

議場に持ち込むのは**筆記用具、メモ紙、付箋紙とバッグに入れた資料**で十分である。場合によっては『地方自治小六法』などの関連する法令・規則も重宝する。私は、部長になってからは、六法を常に議場内の自席にお守り代わりに置いていた。

できれば同じ資料を係長にも渡し、控室で待機させて、見つからないときはすぐに出してもらうような連携プレーを構築しておくと、資料が見つからないときにも慌てることなく、スムーズに答弁できる。

最近は、議場内にパソコンを持ち込み対応するケースもあると思う。私は議場内に持ち込んで使った経験はないが、まだまだ紙ベースでの準備がメインではないかと思う。議会答弁は時間との勝負であるので、パソコンを利用する場合には、すぐに検索できるようにデータ整理をしておかなければならない。

前の議員の質問が終わった段階で、資料を持って議場内に入る。自分の答弁になるかどうかわからないときは控室で資料を出し、いつでも議場内に入れるように準備する。

議場に持ち込んだ資料は、予備席があればその上に置くこともできるが、簡易に椅子だけのときは自分の膝の上だけが有効なスペースなので椅子の横か下に置く。その場合には膝の上でもメモ書きできるようなクリップボードがあると便利である。

議員の質疑が始まったら議場内で資料を取り出し、自分の見やすいように準備し、答弁時には必ずその資料を答弁台に持って行き答弁する。場合によっては、**資料だけではなく、準備したファイルごと持って行く**ことも必要だ。議員が「この管理職は十分に準備しているな」と思うので、答弁する側が有利になる。

☑ 筆記用具、メモ紙、付箋紙、バッグに入れた資料でOK。

PART.1

9

はじめての議会で本番前から緊張が止まらない

議会は緊張しないほうがおかしい。誰でも緊張するものだ。

特にはじめての議会であればなおさらで、私もはじめての議会答弁は何を答えたのか、議員がどのような反応をしたのか覚えていないほど緊張していた。

緊張しないおまじないなどは効果があるとは思えない。大切なことは、**緊張するという前提で対策をする**ことだ。つまり、事前準備を万全に行い、自信を持つことである。

私も議会対応のための想定質問や関連資料を、ここまでする必要はないと思えるくらい周到かつ緻密に準備してきた。さらに、そこからキーワードを拾い出して蛍光ペンなどで目立つようにしておき、これだけ準備したのだから何を質問されても大丈夫と自己暗示をかけておいた。

議会答弁をするようになったばかりで慣れない期間は、自分の答弁をイメージするためにも、出番がなくても議会の控室に行き、他の管理職の質疑答弁の様子を聞いていた。「自分だったらここまでは答えられない」と感じたときは、答弁している先輩管理職の資料を見せてもらい、資料の整理方法や作り方などを見習ってきた。

今は議会の様子をインターネット中継している自治体も多いので、わざわざ控室に行かなくても確認できるかもしれないが、**できれば時間を見つけて控室に行く**ことをお勧めする。なぜなら、自席で聞いているのと、控室で聞いているのでは緊張感がまったく違うからだ。緊張に慣れるためにも控室のほうがよい。

しかし、それでも本番では緊張が原因で、上手く答弁できないこともあるだろう。はじめての議会答弁のときはなおさらである。その対策として、新任の管理職同士で模擬議会答弁をやることが効果的である。

はじめて課長になった人や若手の課長に声をかけてグループをつくり、信頼できる先輩や上司にお願いして、答弁のルールや態度をチェックしてもらう。一方、部長は所属の新任課長・若手課長に声をかけて積極的に指導し、若手を育てることが必要だ。

可能であれば、議会事務局に頼み込み、時間外に議場を開けてもらい、実際に答弁台に立って模擬議会答弁練習をすることが効果的だ。

模擬議会答弁で自主練習する。

PART.1

10

議場内で議員の質問を素早くメモできない

議場内で質問議員の発言をすべてメモするなど、速記者でなければできない。

また、メモすることにばかり気を取られていると、肝心の「何を、どうやって」答弁するかにまで頭が回らなくなって、質問意図とかけ離れた答弁になってしまう危険性もある。

そこで、日頃から、議員発言のポイントと思われるフレーズをメモする訓練をしておくことが必要だ。これは、**普段行っている会議で、管理職として出席者の発言を聞きながら、同時に発言内容のポイントになるフレーズを抜き出してメモする習慣をつけておく**とよい。素早いメモは、心がけ次第で誰でも身につけることができる。この習慣は、部下がつくる会議録要点メモのチェックでも活かされるので、ぜひ実行してもらいたい。

実際の議会では、長々と発言し、いったい何を質問しようとしているのかわかりづらい議員や、早口でまくし立てて質問するのでメモをとりきれない議員もいる。そのときは、自分1人で対応しようとせずに、議場内の他の職員に協力を求めなければならない。部長に確認することはもちろんだが、隣に座っている管理職に応援を求めることも必要だ。しかし、直接関係のない所管の課長であれば、そこまで注意して聞いていない場合もあるので、議場内であらかじめ頼んでおくことが大切である。

控室に待機している係長に確認することも考えられるが、できれば議場内で解決すべきである。

メモをとりきれず、議員の質問内容をきちんと把握できたかどうか不安なときは、答弁前（議長に対して挙手する前）に部長に質問の趣旨を確認し、心配な点があれば答弁の方向性についても確認してから答弁すればよい。

それでも質問の意図が確認できないときには、「ご質問の趣旨を○○と受け止めて答弁します」と前置きすればよいだろう。

最悪の場合は**「申し訳ありませんが、質問趣旨がよく理解できなかったので再度質問をお願いします」と言う勇気も必要**になる。議員の発言時間に制約がある場合でも、再度質問してもらう場合には、議長が必要に応じて「一時休憩」を宣言して、議員の持ち時間を減らさないような配慮があるので、心配することはない。

議場内で孤立せず、応援を求める。

PART.1

11

控室待機中に何をすればよいかわからない

理事者控室にはベテラン課長や係長などが詰めており、和気藹々と雑談に興じている人たちもいて賑やかである。私もはじめて控室に入ったときには、「なんだ、この緊張感のない雰囲気は？」と思った。

後でわかったことは、ベテラン課長たちも緊張をほぐし、リラックスするためにわざと雑談をしていたということだ。ベテランでも緊張するのならば、新米課長の自分が緊張するのは当たり前だと思えたが、さすがに雑談に加わる余裕はなかった。

しかし、しばらく様子を見ていると、雑談をしながらも、耳ではしっかりと議会答弁を聞いており、「あそこはもっと別な答弁すればよいのに」「あの内容はよくないな」「自分だったらこう答弁するな」などと話していることに気づいた。

単に世間話に終始するのではなく、リラックスする一方で、しっかりと議会答弁のことを考えていることがわかって以降は、自分だったらどのように答弁するのかを待機中に考える余裕ができ、また、控室はその訓練ができる場所になった。

慣れないうちは、こうした控室の光景に戸惑うかもしれない。経験が浅いうちは、できるだけ雑談に参加することは避け、持ってきた資料などを再チェックして、答弁内容をイメージすることに専念するのがよいだろう。

意外とそのようなときに、「こんな質問もされるかも」とパッとひらめき、急に持ってきた資料以外のデータも必要に感じるときもある。そんなときにも慌てずに自課に連絡し、すぐに資料を持ってきてもらうようにする。とにかく、自分のことに集中しよう。

最初の頃はこれくらいが精一杯であるが、少し慣れてきたら、**他のセクションの質疑であっても、議員発言の要旨をメモし、自分なりの答弁を考えてみる**訓練をしてもらいたい。そうすれば議場内で議員発言をメモすることも容易になる。

さらに慣れた段階で、ベテラン課長たちの答弁評論などにも耳を傾け、わが身のこととして考えてみよう。それに納得し、自分も注意しようと思ったら、それらの批評をアドバイスとして捉え、自分の参考にできるように心がけよう。

☑ 控室では議員の質問内容をメモする訓練を。

PART.1

12

自分で答弁する自信がない

誰でも最初の答弁は自信を持てない。私の初答弁も防災関係の状況を説明する単純な内容であったが、それでも「こんな内容でよいのだろうか」と繰り返し考え、悩んで答弁した。緊張を取り除き、自信を持って答弁するにはどうしたらよいのか。

特効薬はないと考えなければならない。しかし、特効薬はないものの、自信を持って答弁するためにできることはある。

それは、**①周到な資料作りと、②綿密な想定質問・答弁案作り**の2つに尽きる。「ここまでやる必要はないのでは」と思えるくらいの周到な準備によって、議会答弁の際に余裕を持つことができる。

この2つを心がけることが自信の源になる。

管理職は議会を年4回の口頭尋問の場と考えよう。プロの行政マンとして、議員には論破されないというのが基本的な姿勢だ。したがって、日々の業務の傍ら議会対策もしなければならない。議会の直前になって慌てて準備するのではなく、日常業務のちょっとしたスキマ時間を活用しながら議会対策の事前準備をしておくといった**「常在戦場」ならず「常在議会」の心がけが必要**となる。

まずは地道な努力を積み重ねよう。ある程度、議会答弁を経験した上で、過去の質問内容とそれに対する答弁内容をチェックすれば、それほどすごい内容ではないことに気づく。少なくとも3年程度は、議会のたびにドキドキし続けるかもしれない。しかし、その経験が糧となり、おのずと自信もついてくる。

そうした、日々の努力に加えて行うべきことは、議会のたびに作った資料をそのままにするのではなく、1年が経った時点で再度見直し、自分なりに分類してファイル化することだ。せっかく作った資料も、忙しさにかまけてそのまま放置してしまったのでは、議会のたびに同じことの繰り返しで、自らの成長にはつながらない。手持ちの情報を議会のたびにバージョンアップしていけば、答弁の失敗は減り、他の管理職や議員からも認められるようになるだろう。

議会のドキドキも3年の辛抱。

PART.1

13

議員の基本情報を知りたい

議員がどのような考え方なのか、どのような価値観を持って物事を判断しているのかなどの基本的な情報を知っておくことは、議員取材や答弁書の作成、議会対応などにおいて重要だ。所属政党、あるいは所属している会派によって、その基本的な立ち位置はおおむねわかる。しかし、最近は所属政党をまたぐ会派もあり、考え方の違いを越えて会派が構成されることも多いので、所属会派だけでは正確にわからないことも多い。したがって、議案の賛成・反対についての票読みも従来のように会派だけで判断することが難しくなっており、この票読みを間違えると提出議案が否決されてしまうこともある。私も、票読みを誤り、最後まで説得工作をしたものの、提出議案が否決されてしまった苦い経験がある。

政党や会派以外で、議員の基本情報を得る資料となるのが、選挙公報である。**選挙公報は立候補者の公約が書かれている重要かつ貴重なデータだ。**選挙が終わったからと捨ててしまっては、その公約を把握できないので、必ず保管しておく。何期も続けている議員であっても考え方が変わることもあるので、選挙公約などから、その考え方の変化が理解できる。同様に、選挙時に配布されるチラシや普段の議員活動の報告チラシも収集できればよい参考資料になる。

また、議員のバックにいる支持層の把握も重要である。

以前は、「○○地域の代表」のような立場の議員も多く、主な選挙地盤となっている地域を知ることに意味があったが、最近は特定の地域ではなく、市域全体を選挙基盤としている議員も多くなっている。**地域ではなく、後援会や後援団体・市民団体などの活動状況から、議員の質問傾向を把握**しなければならない。

これらの情報は、選挙広報にも支援団体などとして掲載されているケースが多い。また、市民団体の総会などに管理職が呼ばれたときにも、特定の議員がそこに出席していれば何らかの関係があることがわかるので、それらの情報も庁内で共有すべきである。

なお、これらは、日常的な取材接触における何気ない話からも類推可能である。

特に選挙広報は重要な情報源になる。選挙が終わっても破棄せずに必ず保管しておこう。

議員の基本情報は選挙公報でチェックする。

PART.1

14

議場外で注意すべきことを知りたい

議会開催中は議場内だけではなく、議場外での注意も必要になる。

私の経験では、議会の休憩時間中に議場フロアにあるトイレで、「○○議員の質問は相変わらず同じことばっかりで、答え方にも苦労するね」「いやあ、本当に苦労するよ。顔を潰すわけにはいかないからいろいろ答えているけどさ」と管理職同士で話していたら、突然個室からその議員が出てきて睨まれてしまい、冷や汗をかいたことがあった。以降、議場フロアのトイレを使う際には個室の使用状況を確認し、使っている場合には議会関連の話を避けてきた。

喫煙スペースで議員の話をしていたら、急にその議員が入ってきて慌てたという話も聞く。他の議員に関する話題でも、また、何気ない冗談交じりの話でも、間接的に本人に伝わってしまうこともある。「このような話を職員間でしているようだが、それについてどのように考えるか」などと質問されかねないので注意が必要だ。

壁に耳あり障子に目ありの気持ちを持って、慎重な行動に努めることをお勧めする。

逆に、喫煙スペースなどで、議員の本音を聞けるときもある。その情報は庁内で共有したい。私はたばこを吸わないが、喫煙スペースに議員がいるようなときには、何気なく中に入って雑談をしながら「今度の予算では、どんな点が気になりますか？」などと探りを入れてきた。たばこを吸わない皆さんも、そのような使い方もあると考えてもらいたい。

また、これは他の市議会での話であるが、決算審査が5時以降にも継続していたときに、特別会計の担当課長が、子どもを保育園に迎えに行かなければならず、従来はまったく質問されたことがなかったので、部長に断って勤務時間終了後すぐに帰った。しかし、ある議員が議場の窓からその課長が帰っていく姿を見て「議会が終わっていないのにけしからん」と考え、今までは質疑なく終了していた特別会計の内容について、質疑をしてきたという。その場は部長と係長でなんとか答えたが、後でいろいろ文句を言われた、ということもあるようである。

このように議員は管理職の行動や話の内容について、議場内だけではなく議場外でも、また、議会開会中も閉会中も注目している。よく言えばそれぞれの課長の長所や得意分野を、悪く言えば短気なのか緊張しやすいのかといった短所や不得意分野を知ろうとしているので、議員が側にいなくても慎重な行動が必要だろう。

議員が側にいないときでも慎重な発言を心がける。

PART.

2

準備編

事前準備で困ったとき

PART.2

15

議員取材をどのように行うかわからない

一般質問の通告書は、一般質問が始まる1週間前に議員から提出され、議会事務局で質問順を決めた上で、執行部側に送付される。

その後、理事者・部長職で議案調整会議が行われ、それぞれの質問に対して、どの所管で答弁するのか、答弁書はいつまでに作成しなければならないのかが決められる。議案調整会議に出席する部長は、答弁の方向性が微妙なときや従来同様の答弁では難しいと悩むようなときは、その会議において答弁の方向性をしっかりと確認しなければならない。

その後、部長から指示を受け、自分が答弁書作成を担当する質問の内容がわかったら、限られた時間の中で議員取材を行い、さらに詳しい内容を聞き出すことが必要になる。

議員に取材するためには、質問議員と連絡を取り、**できるだけ早いタイミングで取材をセッティング**する。取材場所は、自席に呼ぶのではなく、議員控室などを使うことが望ましい。

もし、相手の議員が、「控室では他の議員もいるので、話がしにくい」と言うのであれば自

一般質問に関わる議員の取材は、できるだけ議員控室で行う。

席で取材することも考えられる。しかし、そのときに部長も自席にいると、部長も一緒に話を聞かなければならなくなるので、それは避けなければならない。部長が自席にいない時間帯か、あるいは自席ではなく会議室などで取材することが望ましい。

議員取材は1人だけで行くのではなく、係長を同席させる。また、質問項目が1つだけではなく複数の所管で対応するときは、他の所管の課長と一緒に行うなど、**単独ではなく複数で取材する**ことが大切である。

この議員取材では、議員の質問内容やその趣旨を確認することがメインである。その場で、答弁内容についてまで話すべきではない。答弁書原案を考えていても、その後に答弁書チェックの段階で変更される可能性もあるので、答弁内容の約束はできない。

PART.2

16

議員が質問を教えてくれない(一般質問の場合)

どんなに取材をしても、議員が質問を教えてくれない場合もある。議員の質問内容を確認できないときの理由は、大きく分けて2つある。

1つ目は、執行部側の裏をかいて、自分の立場を有利にする、あるいは首長の足を引っ張るような爆弾発言を握っている場合である。首長の考え方に対峙する立場の議員、あるいは対立候補を擁立しようとしている議員が首長選挙前の議会で行うケースである。

このようなときは、課長の立場でいくら取材を試みてもはぐらかされるだけで、肝心要の点を聞き出すことは難しい。もし、取材している中で不穏な気配を感じたら、ただちに部長に様子を報告し、以降は部長・理事者に対応を委ねるしか方法はない。課長の立場でいくら悩んでも、前には進まないだろう。

2つ目は、質問通告書を提出した後も、質問当日まで質問の組み立てを考えているので、議員自身が細かな内容まで整理していない場合や、議員と連絡が取れず取材することができない場合である。実際にはこのケースが多いだろう。

その場合は与党的立場の議員や中間的な立場の議員に対して、「このような質問をしてもらいたい」とは言えないものの、「こんな考え方もあり、対応に苦慮している」「このような点も対応が難しくて、弱っている」などと**取材の過程で餌をちらつかせることで、執行部側に有利な質問を誘導する**ことも可能になる。しかし、これは議会対応にある程度慣れ、議員の性格を理解し、気持ちを察することができるようになってから行ったほうが無難である。

また、議員とどうしても連絡がつかない場合は、いつまでも待っているわけにはいかないので、過去の質問内容から判断し、準備をするしかない。また、議員が故意に連絡を拒否しているときも同様である。

議員取材は答弁書作成後も継続し、時間的に答弁書の修正が間に合う最終段階まで行う。その後も、しつこいようだが、**質問当日まで議員と接触することで、議員も相手の熱意を感じ、ヒントを漏らす**ことがある。それも参考にしながら、質問当日の質問が始まるぎりぎりの段階まで準備することが大切になる。

議員取材は諦めず最後までチャレンジする。

PART.2

17

議員が質問を教えてくれない（議案、予算・決算などの場合）

提出する議案の審議や予算・決算審議は、一般質問とは異なり、すべての議員に取材して質問内容を確認することはできない。

まず、議会対策担当セクションが事前に行う議案説明会で、どのような質問があったのかを確認しておこう。提案議案については、事前説明の際に出された質問を確認し、質問した会派や議員に取材を試みる。

特に質問がなかった場合でも、各会派の代表に取材し、質問の有無や議案説明でわかりにくかった点などがないかを確認することが必要になる。もし、さらに説明を求められたときには、部長にも同席してもらい、会派単位での補足説明を行う。この場合には、他の会派にも説明が必要かどうか、それぞれの代表に声をかけておくとよい。そうしておけば後で、「うちの会派には説明がなかった」などと言われることがなくなる。

特に補足説明を求められなかったときは、提出議案に関連する内容について、過去に質問している議員がいれば、直接取材することも重要になる。取材のきっかけが何もないような場合には、過去の質問動向などから質問内容を考え、対策を講じる。

予算・決算の場合も同様に、議会対策担当や予算担当の説明時に、どのような質問があったかを確認することはもちろん、その後、予算担当に議員から問い合わせがあったかについても確認する。

予算・決算については、議員が興味を持っている分野について、過去の議会で必ず質問をしているので、その内容をチェックしておこう。

その上で、所管事項について繰り返し質疑している議員には事前に取材をし、「答弁に時間がかかると申し訳ないので、細かな点でもよいので確認点があればお願いします」などと言って取材すると、以外とあっさり質問したい点を話してくれることもある。

事前取材で直接確認できない場合でも、議員から出される資料要求の内容からある程度は予測することができるので、その分析から準備し対応する。特に予算・決算については、守備範囲が広くなることから準備に時間がかかるので、早めの対応が必要になる。

過去の質問を参考に準備する。

PART.2

18

一般質問の通告内容が理解できない

一般質問の通告書を読んでも、内容がどこか抽象的で理解しづらいケースや、議員の意見が述べられているだけで質問内容がわからない、あるいは質問項目だけで具体的な質問内容が書かれていないケースもある。

議会事務局も質問通告書を受けるときには、「具体的な質問内容がわかるように」と話をしているが、質問内容がわからないからといって、受け取らないわけにはいかないのが現実である。

また、議員も質問通告時点では漠然としたイメージしかなく、どのように質問を進めるか、はっきりとした全体構成をまとめ切れていない場合もある。そのようなときには、とりあえず通告書を出して、詳細はその後に考えるため、この段階で議員にアプローチし、質問を執行部側にとって有利に進めるチャンスにすることも考えられる。

答弁担当課になったら、直接、議員取材をしなければならないが、その際は1人で話を聞かずに、職員を同席させることが大切だ。

1人だと聞き漏らしてしまい、後で「言った、言わない」の水掛け論で揉めてしまう危険性もあり、議員との関係も悪くなりかねない。なお、議員控室で取材する場合には、他の議員がいる場合もあり、横から口を出される可能性もあるので注意しておこう。

議員から話を聞くときには、できるだけ具体的にわかるように、率直に**「この質問内容ですと、どのような答弁を求められてるのかわからないので、適切な答弁ができるように詳しく内容を教えてください」**などと丁寧にお願いする。

まず、議員の考えを理解しようとする姿勢、よい答弁をしようとする姿勢が必要になるが、議員の発言内容や考えに対して相槌を打ったり、「もっともです」などと口にすることは避けるべきだ。

また、議員の話を聞くときには、言い分を理解することに専念し、「そのような答えはできません」とか「難しいです」とか、答弁に関わる内容のことには一切触れないほうがよい。議員から「答弁の内容はどうなる？」と聞かれても、**取材の段階では答弁内容には触れずに、「これから上司とも調整して作ります」と逃げておく。**

☑ よい答弁をしたいという姿勢で質問内容を確認する。

PART.2

19

質問通告後、時間がなく議員と調整ができない

議会直前は、議員も質問内容を考えるのに精一杯で、並行して日頃の議員活動も行わなければならないので、時間がとれない場合がある。中には、「事前取材で執行部側のことを理解してしまうと、鋭い追求ができない」と、意識的に接触を避ける中間的な立場の議員もいる。

調整がつかず直接取材できない場合は、電話での取材も可能であるし、直接話ができなくても、留守番電話にメッセージを入れておくなど、電話連絡だけでも頻繁にしておけば、「まあ、こちらも忙しくて事前の調整ができなかったのだし、あまり追い込んでしまう質問は可哀想か?」などと考えてくれることが多いように思う。事前取材ができなかった場合には、議員の質問当日の議会開催前に「よろしくお願いします」の一声をかけておこう。

後者の意識的に取材を避ける場合も、基本的には同様の対応をすればよいが、中間的な立場の議員には、**「指摘箇所だけでも教えていただければ、答弁もよい内容にすることができます」などと連絡を入れておく**ことも有効である。両方のケースとも過去の議会答弁を踏まえて準備

しなければならない。

しかし、困るのは、爆弾発言を狙って、あえて事前取材や電話連絡にも意識的に応じない場合である。私の経験でも、中間的な立場の議員と質問日前にまったく連絡がつかず困ったことがある。その議員の後援会で面識がある人とも接触したが、内容を把握できなかったので、まったく質疑の突っ込みどころがわからずに心配した。結局は、過去の質問の内容を見直して準備をしたが、**「殺されるわけじゃないし、一時の恥をかかされるだけならいつでも反撃できる」と覚悟を決めて**臨んだことがある。

また、首長の方針に非協力的な立場の議員であっても、質問趣旨の確認過程で協力的な感触があれば、踏み込んだ取材をしておくことも必要になる。是々非々の立場にいる議員であれば、施策の内容によっては賛成派に取り込むことも可能になるからだ。議員も常に反対することだけが自分の存在価値を高めるとは思っていないはずなので、ちょっとしたきっかけで本音の話ができるようになることもある。完全に批判的な勢力に対しては、表面的であっても事前取材をするほうがよいが、突っ込んだ内容確認はできないと考えていたほうが気も楽になる。

留守番電話だけでも効果がある。

PART.2

20

答弁担当になったが、議員に取材したら所管外の内容だった

議案調整会議などで答弁担当課になり、議員に事前取材したところ、質問の入口と最終的に考えている出口が違い、自らの所管以外のことが質疑内容のメインであることが判明する場合もある。

その場合も2つのケース、**①議員も他所管の答弁を最初から求めている場合と、②質問の入口と問題にしたい点や最終的に狙っている出口が違う場合**がある。

前者は、通告書の読み方次第でどちらのセクションで答えてもおかしくないような内容で、答弁書作成担当になったものの、事前取材の結果、議員の質問趣旨がまったく違っていたような場合である。このときは、議員にも確認し、答弁書の作成担当をバトンタッチすべきである。

そのことを担当所管課長と答弁書などのとりまとめを行う議会対策担当課に連絡し、担当課長には議員との事前取材の内容を引き継ぐことも忘れてはならない。担当になった管理職が一から議員取材をしなくても済むように配慮しよう。その後は、念のため、流れ弾質問への対策

をすることになる。

後者は、質問議員は質問の入り口部分しか通告書では書かないので、本丸がまったく別のところにあるような場合だ。

自分の課も関係するものの、質問の核心部分は他所管であった場合、あるいは議員が意図的に本丸ではない別な答弁課を指定しているようなときには、答弁書作成をバトンタッチすることはできないので、通告書の内容に応じて答弁書を作らなければならない。

本丸が別な所管で、質問の狙いが違うことがわかったとしても、通告書に書かれていない本丸のことをいきなり理事者の第一答弁で答えることはできない。そこで、第一答弁は通告書に応じた内容で作ることになる。議員も質問の流れをイメージしているので、最初から本丸の答弁をしてはならないということだ。

もちろん、事前取材でそのことがわかった場合には、当該所管課長に連絡し、本丸の質問取材をしてもらわなければならない。その上で、質問の入口部分である第一答弁の内容をまとめ、その内容を当該所管課長にもあらかじめ見せておくことで連携する。加えて、答弁書をとりまとめるセクションに連絡しておくことも、当然必要になる。

まったく異なる内容であれば早めにバトンタッチする。

PART.2

21

答弁書作りで他セクションとの調整が進まない

議案調整会議などで答弁書作成担当になっても、自分の所管だけではまとめられず、他の所管に関連する内容を踏まえて答弁書を作成しなければならないことも多い。

その場合には、別々に答弁書を作成するのではなく、メインの課でとりまとめることになる。

答弁をとりまとめる担当になったときは、議案調整会議の結果が伝えられてから、まず、自らの所管する業務内容に関わる答弁の方向性を部長とも確認し、その内容を示して、関連課と調整する。関連課との答弁内容の齟齬をなくすためだ。

それぞれの課で考えている答弁の方向性が一致しない場合には、すり合わせる必要がある。そのときは部長にも報告して調整を始めなければならない。状況によっては部長間での調整が必要になるので、答弁書作成期日ぎりぎりではなく、時間的な余裕を持っておくことが求められる。

関連課との調整期日を決め、できたデータは確実に渡す。

答弁書作成までの期日は限られていることから、これらの調整をできるだけ早く進めなければならない。まず、関連課長といつまでに答弁内容をすり合わせるのかを決めた上で、自らの作業を進める。単に、関係課のデータを答弁書に盛り込むだけでよいのであれば、特に調整は必要ないが、その場合でも、答弁の方向性は念のために伝えておくとよい。関連課もそれに見合ったデータを用意できる。また、その際には、**データを机の上に置きっぱなしにしたり、メールを送りっぱなしにせずに、相手が受け取ったかを必ず確認しなければならない。**他の書類に埋もれたり、メールに気づかなかったりといった事態を避けることができる。

関連課の資料、答弁内容が約束した期日までに手元に届かない場合には、関連課長に催促することはもちろんだが、もう一度期日を決めることになる。それでも間に合わない場合には、こちらの答弁内容とデータを関係課長（不在であれば係長）に手渡し、催促をするが、このときも関係書類を机の上に置きっぱなしにしてはならない。

その後も連絡がないようであれば、議会担当課（答弁書の最終とりまとめ課）にそのことを連絡し、自ら担当する内容についての答弁書を送り込み、関係課長に連絡をする。

PART.2

22

従来の答弁と方向性を変えることになった

部長は、議員の質問通告書を読み、答弁内容の方向性について、判断が難しいと感じた場合や答弁の方向性を従来通りでよいのか、変えるべきか自信が持てない場合などは、議案調整会議の席上で、理事者の考えや答弁方針を確認した上で、課長に指示しなければならない。

課長が作成した答弁書を確認し、その内容で理事者の考え方に沿っていると判断できれば、そのまま通常通りの答弁書作成事務を進めればよい。

しかし、答弁書作りの段階で、理事者から従来の答弁の方向性から変えるように指示された場合、また、今後の政策決定のあり方に関連する内容や取組み方針を変えることにつながる恐れのあるような場合は、慎重な対応が必要になる。

その場合は、所管だけの判断ではなく、企画政策部門との事前調整も並行して行わなければならない。最終的には理事者の判断が優先されるが、事務的な課題などについても理解した上での判断が必要になるので、それらの状況もまとめた上で整理・調整するなど、単に答弁書とりまとめ課に提出する流れとは別に、個別に説明・調整をする機会を設けるべきである。

その上で方向性を変えるのであれば、議会答弁の際に、「理事者の方針変更です」とは言えないので、**今までの経過や考え方を変える理由を説明し、従来との違いを明確にする**ことが求められる。

しかし、理事者も忙しく、直接確認する時間がとれない場合もある。そのときには、答弁書の方向性や関連資料をさらに要約した資料を1枚にまとめ、答弁書・関連資料と共に秘書に預け、時間のあるときにチェックしてもらい、その結果を伝えてもらうようにしなければならない。

しかし、これで終わるのではなく、その内容（所管としてまとめた答弁の方向性、従来からの変更内容）などを、企画政策部門に報告し、今後の政策策定の際に混乱を生じないように調整を図っておく必要がある。

企画政策部門が議場内で突然政策変更を知るような、蚊帳の外に置かれた状態では混乱が生じるからである。

慎重な対応と関係所管との連携がカギ。

PART.2

23 議員から質問ネタを考えてくれと言われた

議会対応もある程度慣れてくると、議会開催までまだ余裕のある時期に議員控室をのぞき、「次回の議会ではどんな内容の一般質問を考えていますか？」などと、議員の事前取材をする機会も出てくる。

また、控室に他の議員がいないときに呼ばれた際に、議員から、「実は次回の議会ではこんな質問をしたいのだけど、何か新しい情報でもない？」とか「次回の議会ではちょうどあなたの所管分野のことを取り上げたいのだけど、詳しくないから教えてくれないか」などと言われることもある。あるいは直接自席に来て「ちょっと話を聞かせてほしい」と言われることもある。

どのように対応するか難しいところだが、首長の方針に賛成の立場にいる与党的な立場の議員要望は無視できないものがある。

例えば、今後の議案提案に関連するような事項について、**地ならし的に質問をしてもらい、**

全体の議論を誘導するようなことも可能になるので、その点も含めて調整できれば、議案審議の際に有利になる。

しかし、首長の考えに反対することの多い議員からの問い合わせがあったときには、表面的な内容をさらっと答えるだけで済ませたほうが無難だ。

また、一般質問以外でも、普段から良好な関係にある議員から決算や予算審議内容について、「どのような点を質問したらよいのか？」と聞かれることはある。そのときも審議を有利に進めることを意識して、予算内容に反対されそうな部分について執行部側に有利になるような質問をしてもらうことが、予算成立のために重要になる。

議会対応に慣れてくれば、そのようなチャンスを活かし、質問項目の審議分野（予算審議では款項単位で質疑に入ることが多いので）に入った段階で、できるだけ早く、**反対の質問が出る前に、肯定的な立場から質問をしてもらい、審議全体を有利に導く**というテクニックもある。

そのような調整の場合は、議会直前の取材時とは異なり、職員を同席させずに1人で対応したほうが、議員の顔を潰さないで、ことを進められる。

☑ 議員の立場を見分けながら有利な質問を誘導する。

PART.2

24

議員提案の議案に協力を依頼された

議案提案権は、市長と議会の双方にあるが、実際には議員からの提案は限られている。

全国市議会議長会による「平成28年度　市議会の活動に関する実態調査結果」では、平成28年度の市長提案は約9万7000件なのに対し、議員提案は約9000件と圧倒的に市長提案議案が多いことがわかる。しかし、議会改革の動向を考えると、今後は議員提案の案件が増える可能性が高い。

しかしながら、議員個人の提案内容を議案としてとりまとめて整理するノウハウは限られている。加えて、一部の自治体を除いて、議会事務局の職員体制が限られていることもあり、議員独自で条例案などの議案を作成するのは難しい状況もある。その際、非公式にではあるが、議員の側から執行部側の管理職に対して、議案作成への協力を求められるケースも考えられる。

もし、議員から直接依頼されたときは、どうすればよいだろうか。

日頃から首長の方針に批判的な立場の議員から依頼されたときは、「私にはそこまでのノウハウもありませんし、実際に条例案などを作成した経験もないので、かえってご迷惑をかけることになるのではないかと心配です」などと遠回しに断るのがよいだろう。

しかし、日頃から首長の方針に対して肯定的な立場の議員から依頼されたときは、まったく無視することはできない。その場合の具体的な対応として、**議員案の骨格に手を加えることはタブーだが、全体構成や文章表現のアドバイスは可能**だろう。しかし、文書法制担当を巻き込むのではなく、あくまでも担当課長の範囲で行うべきである。

また、議員提案の議案については、議員同士の質疑が行われることになるが、それにタッチする必要はない。

私の経験では、財政課長当時に、「修正案のチェックをしてくれ」と言われたことがある。最初は悔しくて耳を貸さなかったが、「最終的には予算が否決され、暫定予算を計上するよりはよい選択だろう」と考え、議員に対して直接ではなく、議会事務局の管理職を通じて非公式に予算修正案作成の手伝いをしたこともある。

非公式な協力要請は議員の立ち位置で是非を判断する。

PART.2

25

想定問答集を作るコツを知りたい

想定問答は、議員への取材によってある程度はまとめられると思うが、もし議員取材できなかった場合は、過去の質問動向を参考に作らなければならない。

どのような再質問がありそうか想定する際には、自席で考えを巡らせ、ひねり出すことになる。しかし、自席だけでは思いつかないこともある。

私は、通勤途中や関係のない会議のとき、あるいは新聞を読んでいるとき、テレビを見ているとき、寝床に入ってうつらうつらしているときなどにも、突然ひらめくことがあった。

「そうか、こんな質問もあるな。そのときはどんな答え方をしようか……」などと思いつき、ヒントはいろいろなところに転がっているものだと実感した。そのときに大切なことは、すぐにメモすることである。後でメモしようと思っても、その一瞬のひらめきが、時間の経過とともに薄れ、「あのとき、何を考えたんだっけ……」と忘れてしまうことが多かった。そこで、失敗を繰り返さないように、**何かをひらめいたときは、すぐにメモする習慣を心がけた。**

今は、スマートフォンなどの携帯端末ですぐに録音できるので便利だと思う。

部長も、**このような質問が考えられると思ったことはすぐにメモし、課長に準備させることが重要**だ。私も部長職当時、思いついたことを赤色の付箋紙にメモし、課長の机の上に貼っておいた。後で聞いた話では「部長のレッドカード」などと言われていたようだ。

想定質問集は細かくＡ４判のペーパーにびっしりと書くのではなく、要点だけを箇条書きにしてまとめる。

そして、再質問内容を分野別・傾向別に分けて整理する。その際、項目ごとに１枚のペーパーに整理し、タイトルをつけ、キーワードをマーカーなどで目立つようにしておく。

こうすることで、答弁時に探す労力が省け、落ち着いて答弁できる。また、想定外の質問をされた場合にも、それらのキーワードを駆使して、つなぎ合わせて答弁できるようになる。

思いついたときにはすぐにメモすることが第一歩。

PART.2

26

議員の質問傾向をつかみたい

過去の議会会議録には、議員の質問傾向や答弁内容のヒントが満載されている。現在、多くの自治体で議会会議録がシステム化され、質疑の日付や発言者、使われた言葉などで検索できるので、比較的簡単にチェックできる。

例えば、議員は興味のある分野については繰り返し質問をするので、会議録でその分野を把握することができる。また、執行部側の検討状況や考えが1年前とどのように変わったかを答弁を通じて確認することが多い、などといった質問傾向もわかる。

また、**議員のバックにいる支持層の把握も重要**である。住民からの要望を受けて地域ネタの質問を繰り返す議員であれば、地域から寄せられるさまざまな要望を見ることが重要だ。さらに、特定の問題に関する質問を繰り返す議員であれば、その問題に関わっている市民グループの活動状況を知ることで傾向をつかむことができる。

議員の質問は単なる思いつき程度の内容から、地域や市民団体、後援者の要望を受けたもの、視察などで入手した他自治体での成功例、大学教授や民間シンクタンクの提案に基づくものなどさまざまである。

ある意味、議員は日々、政務活動費をフル活用し、質問のネタを収集していると言える。日頃から議員取材を心がけていると、話の合間にヒントが転がっていることもある。このような情報は、1人でしまい込んでおくのではなく、管理職同士で共有することが大切だ。

また、議会会議録からは**議員の質問傾向だけではなく、執行部側の答弁内容の経年変化も確認できる。**だからこそ、会議録のチェックが必要になる。

答弁内容の方向性を変えるときなどは、特に詳細なチェックが求められる。さらに、野党的立場の議員が質問したときに方向を修正するのでなく、与党的立場の議員の質問時に前向きな答弁に変更するような配慮も必要になるだろう。

議会会議録とバックにいる支援者層にヒントがある。

PART.2

27

課長答弁・部長答弁の違いを知りたい

私は議会の場で答弁するにあたって、課長だった頃と部長になってからでは、言い回しを変えてきた。

具体的には、**課長当時は「……説明いたします」**、**部長になってからは「……ご質問にお答えします」**と言い続けてきたのである。これは、課長答弁の内容と部長答弁の内容について、その違いを意識したからだった。

つまり、課長が議員の質問に答える内容は、所管する事業の法的根拠や具体的な制度内容、過去の経過、事業実績など、基本的な情報や数値の「説明」が中心であると考えていた。

一方、部長答弁の内容は単なる事業概要の説明ではなく、その事業の政策形成過程や施策体系全体の中での位置づけ、事業実施の背景、事業実施の意味合いなど、政策面に関わる内容が中心になる。そのため、議員の質問に「説明」ではなく、「答える」という姿勢を自ら意識していた。

また、課長当時から組織を代表して答弁台に立っていると意識していたが、特に部長になってからは、「理事者に代わって答弁している」という気持ちで、**理事者の出番をできるだけ少なくしよう**と心がけてきた。

しかし、どの議員も最終的には理事者答弁を求めている。そこで、与党的な立場の議員に対する答弁には最終的に理事者が登場する場面をつくり出し、逆に野党的な立場の議員に対する答弁にはできるだけ理事者を登壇さないように意識し、配慮してきた。野党的な立場の議員は、「なぜ市長が答弁しないんだ！」などと騒ぐが、「ご質問の内容は多分に事務的な面も含まれておりますので、市長に代わって私が答弁させていただきます」などと、答弁の最初に断りを入れておけば、議員が納得しなくても議長が議事進行するので心配する必要はない。

また、課長答弁に対して、質問議員は「課長答弁で納得していたら、傍聴者がいる前で、課長にあしらわれているようでみっともない。せめて部長に答弁をさせよう」と考えているのだが、できるだけ課長答弁で終わらせたい。議員から「あなたの答弁は求めていません」と言われても挫けずに答弁することで、議員からも職員からも評価されるので、頑張ってもらいたい。

課長は事業を「説明する」、部長は政策を「答える」。

PART.2

28

庁内で議会情報を適切に共有したい

一般質問や予算・決算の取材などで、議員から自分の所管以外の話が出ることもよくある。そんなときは、具体的な内容などの場合には「所管課長に伝えておきます」と言って、理解している内容であっても答えることは避け、所管課長に連絡する。しかし、議員の中には所管課長との直接的な接触を避け、外堀を埋めるような意図で関連する事項などを探る人もいる。そのときも、所管課長には議員が○○事業について関心を持っているような怪しいそぶりだったことを伝えておこう。

このようなことを行っていれば、逆に他の課長から情報が入り、議会でいきなり質問され、どのように答えてよいのか慌ててしまう危険を回避できることもあるだろう。**議員の何気ない一言、つぶやきであっても庁内では共有する**ことが必要だ。

また、議会以外の日常的な何気ない話の中にも、気をつけなければならないことがある。私の経験では、部長当時、防災訓練の最中に議員と雑談をしていたところ、都市整備関係の話題になり、その議員から「多摩ニュータウン内の住宅団地で相談されて困っているんだ。都議会議員にでも相談しようと思っているんだけどね……」と漏らされたことがあった。

その議員の所属する会派関係では、地元選出の都議会議員がいなかったため、どこに要請が行くかわからない。東京都を巻き込んで大事になるといけないと思い、防災訓練会場で担当課長を探し出し、その場で話を聞いてもらい、ことを収めることができた。

議会対策に限らず、日常的な議員との話から情報を得て事前に対応することで、事態の複雑化を防ぐことができる。**気がついたこと、怪しいと感じた情報は庁内で共有し、速やかに対応する**ことが必要である。

こうした積極的な情報共有には、管理職同士が同じ意識を持っておくことが欠かせない。所管課長に対してはもちろん、多くの管理職が集まるような会議でも積極的に情報を共有することの重要性を浸透させるように努めたい。

議会対策では管理職の強固なスクラムが武器になる。

PART.2

29

国や他自治体の情報を上手くキャッチしたい

議員は他自治体の施策に敏感で、常に情報収集をしている。

また、それぞれが所属している政党組織から国や都道府県、他自治体の情報が入手可能であるため、それらの情報に基づいて質問をするケースも多い。

議員は入手した情報をもとに実施している自治体に問い合わせれば、大体の内容がわかるので、質問しやすいと言える。また、政党本部からの指示を受けて各自治体で同じ質問をさせることがある。

一方、執行部側の職員は視察研修の機会も減り、なかなか他自治体の情報に接することが難しくなっている。議会の委員会で視察に行く際には議会事務局の職員が同行するので、**先進地視察で、どのような情報交換をしてきたのかを教えてもらう**ことも有用である。

最近でこそ、インターネットでさまざまな情報を入手できるとはいえ、注意していないと見逃してしまう場合も少なくない。そこで、議員の質問に慌てないで対応するためにも、自らの担当業務をさらに進めるためにも、日常的な情報収集を怠ってはならない。国や地方自治情報を取り扱っているさまざまなウェブサイトがあるので、日常業務のスキマ時間を活用してチェックしておく姿勢が大切になる。

また、定例的に開催されている区・市長会などでも、国や都道府県の動向が報告され、都道府県の新規事業などについては必ず事前に情報が提供される。区・市長会での協議事項などの資料も理事者から回覧されると思うので、必ずチェックしておこう。

都道府県の新規事業などの情報については、区・市長会の付属協議会である担当課長会でもキャッチできるので、区・市長会関連の情報は見逃せない。

他自治体の情報については、ネットサーフィンや月刊誌などでチェックすることが中心になるが、新聞やテレビ報道でも情報を手に入れることができる。また、近隣自治体の情報を入手するためには、区・市長会に付属する担当課長会に出席した際などに、**他自治体の課長と積極的に情報を交換する姿勢が必要**である。

情報収集には日常業務のスキマ時間を活用する。

PART.2

30

議員の資料要求にどこまで応えるべきかわからない

議会としての公式な資料要求は、ルールに基づいて内容にミスがないかどうかをチェックした上で対応すればよいが、議員の個人的な資料要求や事前の質問については、どのように対応するか悩むことも多い。

これは、**議員の立ち位置によって対応方法が異なる。**

与党的な立場の議員であれば、次の議会で使う内容かどうかを確認し、一般質問で使うためであれば、執行部側に有利になるような説明も合わせて情報提供をする。

また、野党的な立場の議員に対しては、必要最低限の情報を提供する。つまり、聞かれたことだけに答えることに徹し、議会で相手の思惑に沿って使われてしまいそうな心配がある情報についてはできるだけ出さないように工夫しよう。

例えば、「データをまとめるのに時間がかかるかもしれませんが……」などと断って時間稼ぎをして、部長の判断を仰ぐことも必要になる。是々非々の中間的な立場の議員であれば、隠そうとする意識が強くなると、賛成の芽を摘んでしまいかねないため、データを渡すだけではなく、具体的に状況を説明しながら対応することが必要になる。

提出資料については、基本的に大まかな内容のものにとどめておくほうがよい。できれば、事業概要や決算資料で使ったデータ程度で済ませることが望ましい。あまり細かな内容のデータを渡すと、後で突っ込まれる恐れもある。

資料要求に応じた場合には、**①必ず控え（コピー）を取っておくことと、②どの議員にどのような内容の資料を出したのかをメモし、わかるようにしておくことが必要**だ。場合によっては、議員同士でその資料を流されることも考えられるので、与党的な立場の議員には他の議員、特に野党的な立場の議員には見せないことを念押しし、中間系の議員にも「他の議員には見せないでおいてほしい。過去に資料を渡した渡さないで怒られたこともあるので……」などと頼んでおくとよい。それでも横流しは避けられないと思うが、議員も「あなただから信頼して渡します」と言われれば悪い気持ちはしないはずだ。

議員に渡す資料はできるだけ簡素に作成する。

PART.2

31

議員から他の部署にも関連する資料を求められた

議会からの公式な資料要求であれば、関連する所管課とも調整をした上で、齟齬のない資料を提供するが、議員からの非公式な要求については、部長にも報告し、出すことになったとしても以下の配慮が必要になる。

自分の所管だけではなく、他の所管課にも関連する資料を要求された場合には、その内容や使い方を直接議員に確認し、**「〇〇の内容は自分の課でまとめられますが、□□の内容は他の所管なので、私からも連絡しておきますが改めて直接資料を請求してもらえませんか？」**などと理解を求め、その所管課には事前連絡をしておく。資料の取扱いについては所管によって異なる場合もあるので、容易に他所管への資料要求を請け負ってはならない。

議員から一緒に出してくれと要求された場合には、自分の判断だけで対応するのではなく「他の所管課とも調整しなければならないので、すぐにはお答えできません」などと断った上で、関連する所管課と調整の上、対応しなければならない。自分が所管する部分の資料のみ出してしまうと、関連する所管課が出したくない資料であった場合に、一方が出して、一方が出さないということになり、議員の印象が悪くなることも考えられる。

調整後に提出するときにも、**別々に出すのではなく、資料を統合し、所管をわかるようにした上で、とりまとめて出したほうがよい。**別資料として、まとめ提出する場合でも、お互いの資料を確認し、片方が細かくなりすぎないようにバランスをとることも必要になる。

議員に渡す際には、資料内容自体はそれぞれの所管で責任を持って対応することは当たり前だが、できれば両課長が一緒に議員の所に行き、それぞれの内容を説明することが望ましい。そのほうが両課が連携できていると議員に印象を与えることができる。

また、議員から「こちらの資料は別に要求するから、話をしてもらわなくても構わない」と言われ他の所管に関連する資料を求められない場合でも、所管事務の資料要求があったこと、「その際に□□の資料のことも気にしていた」などと関連課に連絡し、注意喚起をすることが必要である。この連絡を怠ると、議会本番でいきなり質問が飛び火し慌てることになりかねない。些細な点であっても、課長間での情報共有は重要である。

☑ 他の所管と調整し、バランスのとれた資料を提出する。

PART.2

32

議案の会派説明を行わなければならない

会派説明は一般に議会対策担当で行い、それぞれの所管が全員出席し説明することはない。したがって、議案説明会で説明する担当は所管事務ではないことも議員に説明しなければならないので、各所管課が準備する資料は、議員にとってもわかりやすいものであることはもちろん、所管外の内容についても説明しやすいものでなければならない。

議案説明を担当する課長は、各所管課から上がってきた資料に基づき、全体のバランスを考えて、資料整理を行う。資料作成の途中で、自分が説明する内容について疑問が残るようなときは、疑問点を各所管課長に確認しておくだけでも、説明のポイントがハッキリする。**担当業務ではないことを説明しようとして感じる疑問点は、議員の疑問点と共通する**からだ。

各所管課は、説明員にだけ理解しておいてもらいたい内容があるときには、同じ資料に手書きのメモを入れるか、文字色を別にして説明員にも議員の手元に配布されている資料と内容が違っていることをわかるようにしておく。そうすれば、説明員が「お手元にある資料のように……」と、議員の資料にないことを言ってしまうというような混乱を避けることができる。

会派説明用の資料は、統一書式があることが望ましい。

統一書式がない場合でも、最低限、条例・議案名、事業のポイント、背景、効果、他自治体の状況などを簡潔にまとめ、最後に所管名を明示し、Ａ４ワンペーパーにまとめることが必要だ。説明内容が長くなっても表裏両面に印刷するなどして、１枚で完結したい。

なお、資料内容は専門用語などを避け、誰が見てもわかるように工夫する。できれば担当係長に原案を作らせ、それを課長としてチェックし、まとまった段階で最終的に部長が確認すれば、複数の目でチェックできる。内容はもちろん、表記も含めて間違いのないものにする。特に数値については間違いやすいので注意が必要である。

その上で、説明者に対して内容の事前レクチャーを行う。**過去の質問動向などから考えられる質問や所管として工夫した点、逆に突っ込まれそうで心配な点などにも触れておく**ことが望ましい。しかし、あまり細かな資料を渡すと、説明者がかえって混乱してしまうこともあるので注意が必要だ。それでも詳細な資料を渡す場合には、「ここまで説明する必要はないけれど、精神安定剤代わりに渡すから」などと言っておけば、説明者の肩の力も抜けるものだ。

資料は要点を整理し、Ａ４ワンペーパーでまとめる。

PART.2

33 会派説明会後、各会派へのフォローを求められた

事前説明会で細かな質問が出された場合には、説明員も所管事務でないことなので、すべてに答えることは難しい。

答えの内容があやふやな場合、細かな内容まで踏み込んで聞かれたときには無理をしてまで答える必要はなく、所管課を呼ぶことが望ましい。**所管課長は、説明会時間に自席で待機するか、席を外す場合でも居場所がわかるよう職員に知らせておく**ことが必要だ。

また、説明者は、その場で担当所管を呼べない場合で自分では答えることが難しいと感じたときは、恥ずかしいと思っても「そこまでは確認できていないので、所管課にお尋ねくださ い」「申し訳ありませんが、詳細については後ほど担当所管から説明させます」などと断り、担当所管につなぐのが賢明だ。

議案提出所管の課長は、会派説明終了後は説明者に様子を聞き、質問内容、必要なのは全会派のフォローか特定の会派のフォローかなどを確認し、必要に応じて補足説明をする。

個別の会派説明は順番に注意する。

全会派のフォローが必要な場合には、各会派の代表者と調整し、個別議員の対応の前に補足説明をしておく。その場合も順番が重要で、**与党的立場の会派から始め、中間的会派、野党的立場の会派に説明し、最後に会派に所属していない無所属議員にも説明**する。また、特定の会派だけにフォローが必要な場合でも、念のため、全会派に個別説明の必要があるかを確認しておくことが望ましい。そうしておけば、後で「我々には説明がなかった」などというクレームを回避することができる。

その後、議員個人への対応をしなければならないが、その場合でも、質問があった議員に対して、与党的立場→中間的立場→野党的立場の順に説明をする。念のため、説明会で質問のなかった会派の代表にも追加説明の必要がないか確認しておこう。なお、個別説明するときも会派説明で使った資料を基に説明し、それ以外の資料を出すことは避けなければならない。

このように事前説明を入念に行っておけば変則的な質問を回避できる。

なお、予算・決算について、それぞれの管理職は会派説明の状況如何にかかわらず、所管する予算事業について、過去に質問している議員に取材して対応を図ることが中心になる。もちろん、予算・決算の認定動向については、各所管ではなく予算担当で把握することになる。

PART.2

34

議案について議員から個別に説明を求められた

提出議案に対する各会派への補足説明や、事前説明での質問議員に対する説明とは別に、議員から個別に説明を求められることがある。

会派説明がこれからであれば、「会派説明時にお願いします」と言って断ればよいが、終わった後の段階で再度説明を求められれば、必要に応じて対応しなければならない。

会派への補足説明は部長と一緒に行う。個別の議員への対応のときは1人だけで説明しがちだが、必ず係長を同席させるなど複数の職員で行うことを基本にすべきである。

説明内容は、基本的に会派説明と同様にとどめることが望ましい。

もし、詳しく説明せざるを得ない場合には**「ここまでの内容は他の議員には話していないので、オフレコでお願いします」などと断りを入れておく**とよい。1人の議員だけに詳しく説明すると、他の議員からクレームが入ることがあるからだ。

事前の質問に対してどこまで答えてよいのかわからない場面も多いが、説明の如何によって賛成をしてくれそうな議員かどうかを見極めることが重要だ。

与党的な立場の議員でも必ず賛成してくれるとは限らないし、野党的な立場の議員だから必ず反対とも限らない。中間的な是々非々の態度をとっている議員であればなおさらだが、賛成の可能性があれば思い切って相手の懐に飛び込むつもりで、詳細な説明をすることも必要になる。

このような判断力は一朝一夕に身につけられるものではなく、失敗を繰り返しながら徐々に身につくものである。議員取材などを通じてそれぞれの議員の考え方や癖がなんとなくわかってくれば、「次の議会の質問のため事前レクチャーをしてほしい」と言われた場合にも役立てることができる。つまり、**議員からの逆取材も、執行部側に有利な質問を促すのに活用することが可能**になる。

議員への説明は必ず複数で対応する。

PART.2

35

議案提案理由や一般質問の答弁を書くコツを知りたい

議案提案理由口述書の書き出しは、「ただ今議題となっている第○号議案の提案理由を申し上げます……」などと、各自治体の統一パターンがあるので、それに従う。

各所管課が書いた口述書は、文書法制担当などが、本会議で直接審議される内容や委員会に付託され審議する内容ごとにまとめ、「ただ今議題となっております第○号議案から第○○号議案について、併せて提案の理由を申し上げます。まず、第○号議案についてです……」などと整理することになる。

各所管課では、提案理由部分を簡潔にまとめなければならない。口述書のボリュームは予算・決算は長くならざるを得ないが、条例の場合は、内容にもよるものの、あまり長くならないようにまとめる。一般の議案については、他の議案とのバランスも考えて短くまとめるなど、各自治体の慣例に従えばよい。

一般質問の口述書は、議員の質問内容にもよるが、理事者の第一答弁であるから、細かな事務的内容についてはできるだけ簡単に触れるだけにする。文字書体や大きさ（ポイント）など、書式については各自治体の慣例に従って作成する。また、必要に応じてルビを振る。内容については、**与党的立場や中間的立場の議員にはやや詳しく、野党的立場の議員にはあっさりした答弁にする**など、使い分ける必要がある。また、質問の内容が同じだからといって、まったく同じ答弁内容にするのではなく、部分的にであっても質問者に応じて書き分けることが必要になる。ボリュームについても、野党的立場の議員に長い答弁をすると、与党的立場の議員が自分への答弁よりもよい答弁をしていると勘違いすることもあるので注意したい。

もちろん、提案理由口述書や一般質問の答弁書は本会議で市長が読み上げるものであるから、言葉の使い方などは品格を保つように心がけよう。

提案理由口述書も答弁書も自分で修正を入れ、**仕上げた段階で、必ず声に出して読んでみる**とよい。声に出して読んでみて、何かおかしいと感じたときには内容を再チェックしなければならない。書かれてある文字であれば議員も読み直すことができるが、話した言葉は読み直すことができないので、結論がどこにあるのかを明確にしなければならない。また、声に出して読んでみると、言葉の響きでニュアンスを取り違えられることも防げる。

必ず声に出して読んでみること。

PART.2

36

議員への根回しの仕方・順番がわからない

議員取材は、管理職であれば誰でもしなければならないが、議案の賛成票を確保するためのような、いわゆる根回しは、議会対応にある程度慣れてきた段階で行うべきである。

人によってそのタイミングは異なるかもしれないが、私の経験からは、会議ごとに出番がある課長でも、少なくとも2年程度経験してから、年数回の出番しかない場合には3年程度以上の経験が必要だと思われる。管理職になってすぐに議員の所に行っても、相手がどこの誰かもわかっていない場合もあり、議員に振り回されるだけの結果になってしまう恐れもあるからだ。

提案した議案に賛成してもらうことが根回しの大きな目的だが、職員も議員もそれぞれタイプが異なるため、根回しの方法に正解はない。慣れるまでの間は、部長の根回しに同席させてもらうなどし、自分なりの根回しのイメージを体得することが必要になる。

議員は「その議案に賛成するから、今度は私の言うことも聞いてくれ」などと条件を要求してくる場合もあるが、賛成してもらうからといって、議員の要望をのむことはできない。その過程で、議案について要望されることもあるが、すぐに対応するのではなく、まず、実際に事業を実施した上で、不都合な点があれば改善すればよい。

また、**議員への根回しは相手の性格を見極めなければならない。**自分の存在感が高いと考え、自尊心を満足させ受け入れる議員もいれば、そうでない議員もいるので注意しよう。私の経験では、議案に賛成してもらうために、中間的な立場の議員と接触し、よい感触を得られたので、賛成討論をしてもらうための資料をメモにして届けたことがある。しかし、議員から、「私がその程度のこともわからないと思っているのか。そんな失礼なことをするのであれば考え直す」と言われ、冷や汗をかいたこともある。逆に、「賛成討論をしてやるのだから、その内容を持ってくるのは当たり前だろう」と怒られたこともあった。議員の性格に応じて、臨機応変に対応しなければならないと思ったものだ。

根回しの順番は、**①与党的な立場の議員から始め、②中間的な立場でも日頃から友好的な関係を築けている議員、③その他の中間的な立場の議員の順**に確認し、過半数を確保するまで事前調整を図る。その際に他の議員にはバレないようにする必要もある。「先に他の議員の所に調整に行ったのだから、自分の所には来なくてもよい」と言い出す議員もいるからだ。

根回しには経験が必要、まずは部長のやり方を学ぼう。

PART.2

37

議案書の内容に間違いが見つかってしまった

提出する議案の作成は所管課が中心にまとめるが、課長1人で作るのではなく、できれば原案を係長が作成し、それを担当者、課長、部長など複数の目で、議案内容そのものに不備がないか確認するのが望ましい。

それが終わった段階で、今度は文言や数値など細部にわたってのチェックをしなければならない。条例案などについては、所管課で骨格を作った後、法制執務全体の整合も必要になることから、文書法制担当などに文言の使い方など、細かな点についてもチェックしてもらう必要がある。

議案書の作成については、各自治体で条例、予算・決算認定、一般の議案、人事同意など事例ごとの書式例があると思うので、それに沿って書くこと。

議案書の体裁や議案番号などは、議案をとりまとめる文書法制担当などが最終的に条例に相応しい形式にまとめる。しかし、肝心の議案提案内容は所管課が書かなければならないことなので、過去の提案事例などを参考にし、内容を簡潔にまとめなければならない。

一度、議案書を送付してしまうと、執行部側の手から離れ、議会が取り扱うことになるので、文言や数値であっても簡単には訂正できない。そのため、慎重なチェックが必要である。

万が一、間違った議案を提出してしまった場合に、それを発見できたときには、速やかに上司と議会対策担当に連絡をし、議会での議案審議前（本会議で議長が当該議案を議題として取り上げ、理事者が提案理由を述べる前）に議案の差し替えを申し出なければならない。その場合は、議会対策担当だけではなく、議案提出所管課も一緒に議長・議会事務局長に頭を下げ、差し替えの同意をもらわなければならない。細かな内容であれば正誤表で対応できるときもある。

最悪のケースで、本会議で議案審議が始まってから間違いが発覚した場合には、議長判断ではなく、議会運営委員会などの審議を経てからでなければ訂正ができなくなるので、議会が中断されることとなり、議会運営に混乱を来す危険性もある。

送付後は簡単には修正できないため、とにかく細心の注意を。

PART.

3

議会答弁で困ったとき

実践編

PART.3

38

持ち込んだはずの資料が見つからない

議会答弁の準備も整い、議場に入っていざ本番というときに、持ち込んだ資料が見当たらずに大慌てしてしまうことがある。私も持ち込んだはずの資料がいくら探しても見当たらずに焦ってしまい、耳や顔がカーッと熱くなってしまう経験を何回もした。

議場に持ち込む資料は、項目ごとにクリアファイルなどで分類し、エコバッグなどの手提げ袋に入れておくとよい。一般質問や議案審議の関連であれば、質問内容や想定質問ごとに資料をまとめておけばよいが、一番大変なのは予算・決算審議のときである。何しろ守備範囲が広くなり、資料の量も膨大になる。予算・決算の事業ごとに資料をまとめておくなど、工夫が必要になる。私は、1枚のペーパーには1つの項目だけをまとめておくようにしていた。複数の項目を一緒にしてしまうと、それだけで見つけ出すのが難しくなるからだ。

議員の質問を聞きながらメモをとり、かつ、どの資料を使うのかを瞬時に判断しなければならないので大変だが、何が必要な資料なのかを考え、落ち着いて探さなければならない。部長も、部下が議会対応に慣れていない時期は同じ資料を預かっておけば、課長が焦って探しているようなときに、その資料を課長に渡すことで安心させることができる。また、課長がすべての資料を持ち込むのではなく、**細かなデータなどは控室に待機させた係長に持たせておき、必要なときにはすぐに声をかけ、資料を手渡してもらえるような連携も有効**になる。

議場内で資料探しに時間をかけてしまい、答弁が遅れると、自分も余計に緊張するし、逆に議員には余裕を与えてしまうことになる。議員は答弁者があたふたとしている姿を見て、「可哀想だから、ちょっとやさしい質問にしてやろうか」とは考えてくれない。むしろ、「もう少し突っ込めば、ボロを出すかもしれない。そうすれば質問が有利になる」と考えると思ったほうがよい。私は、**「質問されたらまず挙手をして、それから資料を早く探し出し、答弁台に向かいながら答弁の骨子を考え、落ち着いて答えるように」**と職員に指導してきた。

「聞く」「理解する」「メモする」「探す」「考える」「答える」。議場では少なくともこの6つを同時に行わなければならないが、簡単に身につくものではない。議会答弁での失敗を経験しながら繰り返すことで、いつか瞬時に必要な資料を見極めることも可能になると考えれば、気も楽になるだろう。

議場での資料探しに時間をかけるのは厳禁。

PART.3

39

手元に資料がなく頭が真っ白になってしまった

そもそも議場には必要以上に細かな資料を持ち込む必要はない。すべての資料を完璧に準備して議場に持ち込むことはできないし、すべてを持ち込もうとすると、かえって肝心の資料を探しにくくなるからだ。

議場に持ち込まなかった資料が必要になったときにも、質問議員のペースに巻き込まれるのではなく、落ち着いて確認し、慌てずに**「概要はこのようになっていますが、詳しい内容は、ただ今資料を確認するので、少々お待ちください」**などと言ってつなぎの答弁ができればよい。また、部長も、議会答弁に慣れていない課長が動揺しているようなときには「私の承知している概要では○○となっておりますが、詳細なデータは至急確認させます」などとフォローしてもらいたい。

その際に、できるだけ時間をかけずに対応しなければならないので、詳細なデータを係長に持参させ、控室で待機させることが望ましい。議場内に持ち込めなかったデータを、控室で係長に確認させ、手元に取り寄せれば時間をかけずに答弁が可能になる。そこにも持ってこなかったデータを求められたときには、課に連絡し、至急取り寄せるしかない。

資料確認で時間がかかりそうな場合は、議会事務局長（→議長）に「資料を確認させていますが、時間がかかりそうです」と耳打ちをしなければならない。そうすれば、議長は質問議員に対し「資料確認に時間がかかるので、それまでの間に他の質問ができませんか？」などと促し、審議を進めることになる。議員がどうしてもその資料がなければ他の質問に移れないと主張するような場合や議会の休憩時間が間近であるような場合は、「暫時休憩します」と宣言して休憩に入るので、その間に準備を進めることになる。

そのような場合では、議会再開後に、議長に頭を下げ、その上で「資料確認に時間がかかり、大変に申し訳ありませんでした」と議会全体に謝ってから答弁をスタートさせる。

課内にも該当するようなデータがない場合には、**「手元にそのような資料はありませんので、ここでご説明することはできません。改めて調査させていただきます」**などと頭を下げ、納得してもらうしかない。

落ち着いて、まずは概要を答えた上で確認する。

PART.3

40

資料を持たずに答弁台に立ってしまった

答弁台に立つときは、必ず議員質問内容のメモと資料を持つことを徹底し、癖にしなければならない。特に資料については、**たとえ暗記している内容であっても、それを手元に持っているだけで精神安定剤の役割を果たす**からだ。

私は、答弁の際には議会対策用ファイルを必ず持って答弁台に置き、広げてから答弁を始めていた。自席でファイルから抜き出した数枚の該当資料を持って行くのではなく、答弁台にファイルを置いてパラパラめくり、その後に答えるようにわざと時間をかけるように心がけた。そうすることで、議員の質問が終わり着席するタイミングですぐに手を挙げ、スピーディーに対応できるので、議員に「準備はできている」という無言のプレッシャーを与えることができる。なおかつ、答弁台に立ったときにページをパラパラめくることで「間」ができ、自分を落ち着かせる効果もある。ぜひ皆さんも真似てもらいたいと思う。

何も資料を持たずに行ってしまったときや、間違った資料を持って行ってしまったときにやってはいけないことは、うろ覚えのいい加減な答弁をしてしまうことだ。記憶していたとしても、焦ってあやふやな内容の答弁になってしまい、そのことで議会を混乱させてしまう危険性があるからだ。落ち着いて答弁するためにも、お守り代わりの資料は必ず持って答弁台に立つ癖を身につけなければならない。

答弁台に向かう途中で資料を持っていないことに気がついたときは、すぐに待機席に戻って資料を持って行こう。そのときに、部長が関連する資料を課長に渡してあげれば、課長が待機席で資料を探す時間のロスが避けられるし、議員側からは、連携がとれており、隙がないように思われる効果もある。

何も持たずに答弁台に立ってしまったとき、答弁途中で資料を持っていないことに気づいたときにも慌てずに、答弁台で「資料を確認します」と断りを入れた上で、いったん待機席に戻り、資料を持って再度答弁台に向かい、「申し訳ありません」と一言謝ってから、しっかりと答弁すればよい。

議会答弁に慣れてきたら、**資料が見当たらないときには、白紙でもよいので持って行く**ことが望ましい。なぜなら、議員からは資料が手元にあるように見えるからだ。

手ぶらで答弁台に立たない癖をつける。

PART.3

41

資料がない内容、想定外の内容を質問された

どんなに議員取材をしても必ず上手くいくとは限らない。上手くいけば儲けもの、くらいの気持ちで対応しよう。

議員も意地悪をしているつもりではないだろうが、職員が取材した後、さらに考えるのは当たり前である。野党的な立場の議員ははじめから本当の狙いを明かすつもりがないので、議員取材に完璧を求めないほうがよい。

また、いくら準備しても完璧にはできないので、誰もが必要と考えるような資料を準備していなかったような場合以外では、慌てる必要はまったくない。資料が課内にあるのであれば、39同様に「資料を確認するのでお待ちください」などと言って対応する。

課内にないような資料を要求されたり、課でも把握していないことを聞かれたりした場合には、**「そのような資料は手元にございません。確認でき次第、改めてご説明させていただきます」と述べ、議長や当該議員の了解を得て、後日説明する**こととなる。その場合には、質問議

員に対して後日接触して説明する。しかし、質問議員が「今必要だ」「それでは質問が続けられないのでダメだ」と納得せず、了解を得られない場合は、議会運営上の問題でもあるので、実情を議会事務局長（→議長）に説明して対応を委ねる。

想定外のことを質問された場合も、事務手続きや過去の経過など数値の説明であれば、資料を取り寄せて答弁する。その間に部長は政策的な部分を答弁し、フォローしてもらいたい。

そもそも議会答弁での再質問は、「ぶっつけ本番」の面もある。予算・決算などはすべてを議員と調整することできない。議会では「事前に聞いていませんでした」は通用しないのだから、何らかの答弁が必要になる。質問にストレートに答えられなくても、関連する内容で踏ん張り、若干的を外した答弁でも構わないくらいのつもりでいれば、何とか乗り切れるものである。

想定外の質問を何とか切り抜けるには、前記のような一般論で踏ん張ることが重要だが、それでもどうしても答えられないときには**「ご意見として伺い、今後、そのような視点についても勉強させていただきます」で対応**する。

慌てず焦らず、後日改めて説明するのが基本。

PART.3

42

まったく前例のないことを聞かれた

まず、質問方法についてだが、今でこそ当たり前のように使われるフリップボードも、最初に登場したときは使うことの是非が議会でも話題になったようである。質問についても同様で、その方法が前例のないような場合は、議会運営上のことであるから議長が判断することになる。

答弁者が困るのは、質問内容について自分の自治体ではもちろん、他自治体にも前例がないことを聞かれたときの対応である。議員の質問はさまざまな情報源に基づいて行われるが、中には、一部の学者が発表しただけの見解に基づいたものや、社会的に一般化されていない研究内容をそのまま取り上げたものもある。

私の経験でも、環境部次長だった当時に、リサイクル関連施設の改修に伴う予算審議の際に、プラスチック類の圧縮に伴う有害化学物質の発生に関連した少数派の見解を取り上げて質問されたことがある。東京特別区内の清掃工場周辺で指摘された健康被害に関連するものだったが、答弁時も一般的にそのような見解は示されていなかったことから、「本市のプラスチック類圧縮は、リサイクルの観点から必要な事業であり、また、ご指摘のような健康被害を生じさせるものではありません」と言い切って対応した。このような場合には、**曖昧な答弁で住民に不要な心配を与えてしまうことは避けなければならない。**

質問内容が自分の自治体では前例がなくても、他自治体で問題提起され、何らかの対応が必要となったような場合には、「わが市ではそのような事例はありませんが、聞くところによると、他市ではそのようなケースもあり、個別に対応判断をしていると聞いています」などと答えればよい。

前例のない質問や新しい考え方に基づく質問については、議員取材の中である程度は察知できるだろう。**議員の質問や要求には組織としての判断が必要になるので、1人で抱え込まないようにしよう。**また、質問議員がどのような立場にいるのかによって、対応を工夫しなければならないケースもある。つまり、首長が与党的な立場に引き入れたいと考えているような議員であれば、丁寧な対応が必要になるケースもあるが、その場合は、部長が首長と事前調整した上で、課長に指示しなければならない。

質問を真っ向から否定しなければならない場合もある。

PART.3

43

自分の担当所管ではないことを聞かれた

議会では、まったくの担当外のことをいきなり聞かれることもある。議員もそれぞれの担当所管の範囲や具体的な仕事内容までは詳しく理解していないこともあるからだ。

そのような場合は、担当所管が違うことを直接言ってしまうと、「そんなことも知らないで質問しているのか？」などと言っているようで議員の面目が立たない。議員の顔を潰さないよう、遠回しに所管が違うことを伝えなければならない。

例えば「○○課で所管している関連事項について説明します。……ご質問の内容については、直接担当している□□課に確認していただければと思います」などと関連するようなことを説明しながら、やんわりと所管が違うことを伝えたい。その上で、所管部長から「今、担当課長を呼んでいますので、お待ちください」などと発言してもらえれば、顔を潰さすに済む。

注意したいのは、議員によっては**それぞれの所管課の担当事務を知った上で、いきなり質問を投げかけてくる**ことである。その要因は、「事前取材にも来ないで安心しているから、いきなり振れば慌ててボロを出すかもしれない」「過去にも質問しており、関連することがわかっているはずなのに、事前取材に来ないとはけしからん」などと考えていることが大きい。したがって、自分が議員取材をして、**質問の本当の目的が違う所管にあるように感じたときには、必ずその所管課長に連絡しなければならない。**それでも当該担当課長が議員取材をしなかったのであれば、自己責任である。

管理職は、議会で常に飛び火質問があると考え、そのことを警戒し、アンテナを張り巡らせておく必要がある。そのためには、過去の質問動向や議員がどのような点に興味を持っているのかを察知しておくとともに、議員取材の状況を管理職相互で共有しなければならない。たとえ、議員取材をして自分の所管業務の質問内容はあっさりしていても、議員がそれに関連する他所管に関連する関心を持っていると感じられたら、自分の取材は終わったので、後は他の所管課長が取材すればよいなどと考え、知らん顔をしてはならない。お互いの助け合い精神が議会を乗り切るポイントである。また、本会議中の場合は、課長職として議場や控室に行かなくても自席で待機しているか、会議などがあっても連絡先をわかるようにしていると思う。しかし、常任委員会などのときにはうっかりする場合もあるので気をつけなければならない。

議員の顔を潰さないように所管課長を呼ぶ。

PART.3

44

個人的見解や仮定のことを問われた

議会での答弁は、会議録として残り、かつ、すべてが執行部側の公式答弁であることを意識して、答弁内容はもちろん言葉遣いにも注意しなければならない。したがって、**個人的な見解を述べることは避け、所管課長として組織を代表した答弁に徹するべき**である。

議場での質疑がヒートアップすると、議員の質問も徐々に攻撃的になってくる。また、組織としての答弁では納得できずに、「あなた個人としてどのように思うのか？」などと質問される場合も出てくる。

しかし、公式発言として個人的な考えを述べることは避けるべきで「個人的な見解ではなく、○○課長としての立場で答弁させていただきます」と答えればよいのだが、それでも繰り返し個人的な見解を求められることも考えられる。その場合にも「個人的な見解をこの場で申し上げることは差し控えさせていただきます」などと言って断るべきである。

しかし、議長が議会運営上必要と判断し、答弁を求められた場合には従わなければならない。その場合には、「個人的な見解なので、この場でお答えすべき内容かわかりませんが、議長の指示もありますので……」と前振りをしてから答弁する。

私の経験では、部長職や副市長当時に、組織として答えづらいものの、ここで答えておかないと議会が混乱しそうだと判断したときに、「あくまでも個人的な見解ですので、そのことをご理解していただいた上で発言させていただきます」といった答弁で混乱を切り抜けたことがあるが、課長職はここまで答える必要はない。

また、議員から「もし、仮にこのような事態が想定されたとして、どのような対応が可能なのか？」といった仮定の質問をされることもある。この場合も、議員の質問を安易に受け止め、答えてはならない。そのような質問には基本的に答える必要はなく、**「そのような事態は通常業務の中では起こり得ないことで、仮定の質問にはお答えいたしかねます」**と答弁すればよい。

しかし、しつこく答弁を求められ、議会が混乱しそうだと判断したときや、議長から答弁するように指示された場合には、「仮定の質問ですので、答弁は難しいのですが、例えば、このようなことが考えられます」程度の説明をしなければならないケースもある。そのときは、部長に確認した上で答弁するか、部長が代わって答弁することも必要になる。

個人的な見解や仮定の質問には答える必要はない。

PART.3

45

国政や都道府県行政に関する認識を問われた

議員の質問では、国や都道府県を含め、他自治体の動向や考え方を聞かれることもある。

特に、特定の政党に属する議員は、上部団体から各自治体に一斉に質問をするように指示される場合があり、そのときには、国や都道府県の動向もレクチャーされているようである。また、地域政党の場合には、周辺自治体の動向などを聞かれることも多い。そのような質問は最終的に上部団体がそれぞれの基礎的自治体でどのように考えているかを確認するのに使われているように思う。

執行部が答弁するには、国や都道府県の動向を直接確認しなければならないが、区・市長会資料や報道も参考にする。その上で、時間的な余裕がある場合には、できれば都道府県などに連絡し、どの範囲までが公表されているのかを確認した上で答弁する。時間的な余裕がなく、直接確認ができない場合には、区・市長会資料や報道内容にとどめて答弁することになる。

また、単なる動向ではなく、考え方などを聞かれたような場合には**「国や都道府県の事業に**

関わる見解を、お答えする立場にありません」と断るのが基本である。私の経験では、平和問題の質問が憲法問題にまで広がったときに「そのような国政問題については、国民の代表である国会議員の皆さんが、国会で議論していただく事柄であり、市職員として、この場で国政の動向に意見を申し上げることはありません」と具体的な答弁をしなかったことがあるが、特に問題にはならなかった。

このように憲法論議や自衛隊論議など、**国の専管事項について答弁をする必要はない。**一個人としてはさまざまな考えがあると思うが、自治体職員としては議会答弁できる事柄ではないので、質問された場合にも「国の専管事項について見解を答えるような立場にはありません」と答えればよい。首長に対しては、「政治家としては、どのように考えているのか?」と質問されることもあり、実際に答弁しなければならないこともあるが、選挙によって選ばれる首長と職員の立場は異なるので、職員の答弁には限界があると考えてもらいたい。

また、他自治体のケースについても「他自治体の担当者からは、このような情報をいただいております」といった程度の答弁にとどめることが望ましく、安易にその内容についての評価などをしてはならない。

他自治体の「考え方」を聞かれたときは、断るのが基本。

PART.3

46

基本的な質問に顔を潰さずに答えなければならない

基本的な質問、特に提出資料でわかるような内容を質問をする議員のタイプは2通りある。つまり、①承知の上で質問の糸口とするタイプと、②本当に理解していないタイプがある。

前者の場合は、淡々と答えればよいが、後者の場合、多くは資料確認をしていないことから生じることなので、基本的には資料を読み上げればよい。

慣れてきたら「資料にもありますように」と嫌味の一言も言ってもよいが、議員の立場を見分けることも必要になる。つまり、与党的な立場の議員に対する答弁は、議員の顔を潰さないような配慮が必要な場合もあるので、単に資料をそのまま読み上げたり、その年度の数値を答えたりするだけではなく、**過去の傾向も説明するなど資料よりさらに深く答える**必要もある。

また、「そんなことは自席に来て聞いてくれればよいのに」「資料要求でもしてくれればわかるのに」と思うような基本的な質問もあるだろう。それでも、決して顔には出さずに、質問議員の立場にかかわらず、傍聴者にわかってもらうつもりで、丁寧な答弁を心がけよう。

このような配慮が必要な理由は、過半数の賛成を確保し、議会で議決されなければ、条例も予算も提案議案も何の意味もないものになってしまうからである。それぞれの議員の性格や背後にいる支援者などを日常的に観察し、**与党的な立場なのか、中間的な立場なのか、野党的な立場なのかなどを分析した上で対応**したい。

また、ベテラン議員にはわかるような言葉であっても、答弁の際にはできるだけ専門用語を排除し、傍聴者にも理解できる答弁を心がけるべきである。私自身もはじめて財政課長を経験したときに、職員間の話に上がる「カンコーヒ」が何だかわからずに、恥ずかしさを隠して「ところでカンコーヒって何のこと?」と聞いたことがある。「カンコーヒ」とは、多摩ニュータウン事業に関連する東京都補助金で、正確には「関連公共事業費」というものであった。このような専門的な用語に慣れた頃、議会答弁で「カンコーヒ」と言ってしまい、議員や傍聴者が首を傾げていたので、慌てて「東京都補助金の関連公共事業費についてですが……」と答弁し直したことがある。専門用語を使うときには、くれぐれも注意をしてもらいたい。

また、基本的な質問の答弁、特に法的な根拠などについては日常業務ではあまり意識していないこともあり、意外と難しいので要注意である。

☑ **傍聴者にわかってもらうつもりで丁寧な答弁を心がける。**

PART.3

47

専門的すぎる質問内容で、傍聴者が首を傾げている

議会質疑は、質問者と答弁者だけのためのものではない。その案件に興味のない他の議員や傍聴者、市民にも理解してもらわなければならないものである。したがって、**誰が聞いてもわかる答弁を目指す**べきだ。

議員が専門性の高い内容を質問項目として取り上げる際には、自らいろいろと勉強をして、専門的な書籍などにも目を通した上で質問している。そのことを他の議員にも後援者にも市民にもわかってもらいたいと考えるためか、専門用語を駆使し、学術的な内容にまで踏み込んで質問されることがある。それがよいのかは評価が分かれるところだが、やはり、自分の努力を周りの人にもわかってもらいたいという気持ちが先行してしまうのかもしれない。

議員の質問内容が専門性の高いもので、かつ、専門用語のオンパレードになっていたとしても、答弁者側が「自分はそれよりももっと勉強している」と競い合って専門用語を駆使してしまうのはよくない。質疑を聞いている他の議員も傍聴者も理解できずに、誰のための審議かわ

からなくなってしまう。

答弁者は質問議員よりも深く内容を理解した上で、それをわかりやすい言葉に置き換えて応じなければならない。そのためには、**議員の質問事項をわかりやすく翻訳するつもりで繰り返し、その上で答弁すれば、専門性の高い内容であっても理解ができるようになる。**

また、傍聴者にとって馴染みのない言葉を使うときにも注意を払わなければならない。

私の経験でも、「公債費」について答弁したときに、「コウサイヒ」と言っただけでは「交際費」なのか「公債費」なのか判断できずに、何を言わんとしているのか理解できなかったと傍聴者から言われたことがあった。

確かに文字になっていれば「公債費」についての推測はできるが、「コウサイヒ」と耳で聞くだけではわかりにくいのだろうと思った。それ以降は、「コウサイヒ、いわゆる借金の状況と申し上げたほうがわかりやすいと思いますが……」と説明を加えながら答弁するように心がけた。

このように、傍聴者からの一言も答弁の参考にしなければならない。

議員の専門用語も翻訳しながらわかりやすく答弁する。

PART.3

48

業務中に話したオフレコの話を議場で暴露された

ある程度親しい関係になった議員との日常的な会話の中で、ついつい「実は……」などとオフレコに近い発言をしてしまうこともある。その場合には「オフレコでお願いします」「このことは、他の議員には話していないことなので内々の話でお願いします」などと一言添えなければならない。それでも、議場で言われてしまうこともあり、注意しなければならない。

議員がうっかり言ってしまったのであれば、後で「あのようなことを言われると、これからは何も言えなくなってしまいますよ」などと話しておけば、繰り返されることはないと思う。しかし、中には故意に話の内容を暴露して、「あのときにこう言った」などと質問する議員もいるので注意が必要だ。

一度でもそのような経験をした議員との会話は気をつけなければならず、**議員の立ち位置や性格を見分けながら対応しなければならない。**私も、本会議中に議員との質疑応答が白熱し、「あなたの答弁は先日話した内容と違うではないか、どちらが本当のことだ」と詰め寄られ、議場も「なんだそれは」とざわついたことがあった。

そのときは、「先日の議員との話では前提が違っていたかと思うので、ご質問にあるような話もしたが、改めて先ほどの答弁を公式見解と受け止めていただきたい」と説明して難を逃れた。その後しばらくしてから、議員からは「あのときはついつい興奮してしまって、余分な話をしてしまって申し訳ない」と謝ってきたが、それまでの間は電話などで話をするときでも意識して素っ気なく対応した。

このように、日常的な議員との話であっても注意しなければならない。一度でも信頼関係が揺らぐようなことがあった議員には特に注意しよう。つまり、議員との関係具合を考えながら、**話せる相手かそうでないのかを適切に判断しなければ、オフレコの話もオフレコでなくなってしまう。**その意味でも、議員の性格判断は重要である。部長の立場なら「あの議員にはオフレコの話は通用しないから」と、課長に注意を喚起しておきたい。

議場内でオフレコ発言を取り上げられてしまったときには、とぼけるわけにはいかないので、「個人的な見解として申し上げた」「その時点での自分の気持ちを申し上げたが、今はこのように考えている」と話し、逃げ切らなければならない。

オフレコ発言ができる議員、できない議員を見分けよう。

PART.3

49

施策の明らかな欠陥を指摘されてしまった

通常ではあまり考えられず、あってはならない事態だが、施策に欠点が絶対にないとは言い切れない。なぜなら、議員は行政マンである職員とはまったく違う発想で考え、市民感覚で物事を捉えているからだ。したがって、皆さんも机上で物事を考えるだけではなく、常に現場感覚・市民感覚で物事を見るように心がけ、多面的に政策判断をしなければならない。

特に、ベテラン職員の域に入ると、物事の捉え方が市民感覚とかけ離れてしまう危険性もある。私もそうならないように、公務員になってからもできるだけ他の業界の友人たちと交流してきたし、業務で接点のある民間企業の方々や市民との交流を続け、さまざまなアンテナを張り巡らすように努力してきた。もちろん、民間企業の方々とのつきあいでは、「癒着」と言われないような配慮が大前提である。

本題に戻り、議案審議の中で、議員の指摘がもっともで、執行部側の対応に明らかな不都合があると考えられる事態に直面することも例外的にある。しかし、担当課長も部長も**その場で**

結論を出すことは避けなければならないし、審議途中での方針修正はしてはならないと考えるべきである。

そのような事態になったときには、議会事務局長（↓議長）に申し出て一度審議を中断してもらい、理事者や関係所管により対応を速やかに協議しなければならない。

対応策について一定の結論に至った場合、あるいは対応策まではまとまらなくとも、何らかの修正が必要だと判断した場合には、議会を再開してもらい、再開後に、「議員の指摘はもっともな点もあるので、早急に調査検討を行い、改善すべき点は改善するように考える」などと答弁することになるが、これは理事者の役割と考える。

また、それが提出した議案であれば、一度否決されてしまうと再議は難しくなる。

地方自治法にあるように、首長は議決に異議がある場合にのみ再議が許されるが、提案した議案自体に錯誤がある場合は、それには該当しないと考えなければならない。したがって、そのような場合には、潔く取り下げ、再チャレンジの機会を待つことも必要になる。

当然ながら、そのような**欠陥商品を議会に上程することのないように、庁内での議論を多面的に行うことが何より大切**である。

☑ 施策内容に欠陥があっても、審議中の方針転換は避ける。

PART.3

50

質問の数が多くて整理できない

議員によって質問パターンもさまざまで、1つひとつ時間をかけて丁寧に質問するタイプもいれば、自分の考えていることをまとめて一気にまくし立てるタイプもいる。答弁する側にとっては、後者の一度にいくつも質問事項を取り上げる議員の対応が難しい。質問内容をメモしきれなかったり、一度にいろいろ聞かれるので、答弁が漏れてしまったりするからだ。

もし、質問項目が多くメモしきれなかったときには、**「質問項目が多いので、答弁漏れがあったときには再度お尋ねください」などと断って答弁する**ことで追加の答弁もしやすくなる。実際に答弁が漏れてしまったときには、部長が答えていない質問内容を課長に指摘し、再答弁させなければならない。仮に答弁漏れがあって、議員が「答弁がないので再質問できない」などと、その後の質疑を継続しない場合には、議長が確認して答弁漏れを指摘するか、議会運営を進めるために、議員に対して再質問するように促すはずである。

一度にいくつも質問事項をまくし立てるようなタイプの議員は、経験上ある程度はわかるので、議場内にいる他の管理職にもあらかじめ協力を求め、係長を控室に待機させておき、質問内容をよく聞きメモをするように指示しておくことが望ましい。実際に質問内容がわからなかったときには、議会事務局長（→議長）に断って議場から退席し、係長に確認することも必要である。また、係長は課長がメモしきれていないことを想定し、議場に入りメモを渡すか、質問内容を伝えるように心がけてもらいたい。

部長は、議員が1回の発言であまりにも多くの質問を繰り返すようであれば、誰が答弁するとしても把握できないので、議長から質問者に注意してもらう必要もある。

慣れないうちは緊張し、議員の1つ目の質問に関する資料を探していて、2つ目の質問を聞き漏らしてしまうこともよくある。この場合は、部長に確認するか、周囲にいる管理職に聞いた上で答弁するしかない。しかし、周囲にいる管理職も正確に聞いているとは限らないので、趣旨が異なる答弁をしてしまう可能性もある。**自信がないような場合には「2つ目のご質問について、内容を正確に聞けなかったので説明になるか心配ですが……」などと断りを入れて答弁すればよい。**

議会答弁はチームで乗り切る意識を持って、お互いに助け合う姿勢が重要だ。

☑ 管理職同士、助け合いの精神とチーム意識でフォローし合う。

PART.3

51

質問が抽象的でどう答えればよいかわからない

議員の質問が抽象的で、その意図が理解できずに答弁に困ることが多々ある。質問者も考えがまとまっておらず、具体的に執行部側に何を求めているのか自分でもハッキリしない場合や、質問の獲得目標や落とし所が見えていない場合などに見受けられる。

また、議員によっては「こうあるべきだ」という漠然とした全体像は持っているものの、執行部側からどんな答えを引き出すか整理しきれないままに質問を始める人もいる。

答弁する側としては、質問の意図が理解できないと本当に困るので、できるだけ事前の取材で議員が何を求めているのかを察知することが重要である。

以前、コミュニティセンターを所管していたときに、議員から、地域コミュニティのあり方について質問されたことがある。事前の取材で、コミュニティセンターの管理運営にあたり、「現場ではどのような問題があるのか」「利用者からどのような要望が出されているのか」などといった具体的な質問をしてもらうようにお願いしたものの、いざ質問が始まってみると、「地域コミュニティのあり方」の議論に終始。まるで市民活動の解説書を読んでいるようで、傍聴者も盛んに首を傾げており、一体何を獲得しようとして質問したのかわからないことがあった。議員は、アカデミックな議論ができたと満足していたようだが、答弁の際にいちいち「○○という趣旨の質問と受け止めて、答弁いたします」と断りながら対応しなければならなかった。

このような場合は「質問の趣旨がわからないので答弁できません」とも言えない。また、傍聴者もわからないような内容であっても「質問の趣旨がよく理解できないので再度質問をお願いします」と、質問をし直してもらうことも難しい場合もある。

具体的な対応としては、**議員の質問を繰り返し「○○と云う視点でお答えします」と答えたり、「質問を○○の趣旨と受け止めてお答えします」と前置きをしたりするしかない。**

それでもわからない場合は、議会事務局長（↓議長）に一時休憩を取ってもらい、議員席に行って質問を確認する勇気も必要になる。もっとも、そのような場合は議長から再質問を求めたり、内容を明確にするような注意もあるはずである。

とにかく、傍聴者にも議論の趣旨を理解してもらう姿勢が必要だ。先ほどのケースなどでは議会が終わった後、傍聴者から「解説付きの答弁だったね」などと言われたこともある。

☑ 議員の質問を一度受け止める前置きをしてから答弁する。

PART.3

52

正確な数値・データがわからない

議場に、あまり細かなデータまで持ち込むのはよくない。資料が大量になりすぎると、いざというときに見つからず、かえって焦ってしまう原因になりかねないからだ。

中には毎回細かなデータまで聞きたがる議員もいるが、そのような場合でも細かなデータは係長に準備させ、控室で待機させておく方法で対応すればよい。

具体的には、議員に細かなデータまで質問されたときには、**「概要は〇〇となっておりますが、手元に詳細な資料を持ち合わせていないので、確認します。少々お時間をください」**と、議場内に持ち込んだ手元の資料の数値データをまず答えておく。時間がかからない場合には、議会事務局長（議長）に「資料確認はすぐにできます」などと言って、いったん議場を中座して控室でデータを確認してから答弁すればよい。係長も質疑内容を聞きながら、自分の手元にあるデータが必要な場面だと判断したら、議場内にいる課長にそのデータを渡しに入るくらいの気持ちで待機してもらいたい。

しかし、普段はあまり細かなデータを要求しない議員がたまたま細かなデータを質問してくるケースや、係長に準備させたデータ以外の細かなことを聞かれるケースもある。また、「あいつは数字に弱いから、この質問でいきなり数字を確認して、揺さぶってやろう」と考える議員もいるかもしれない。この場合には、所管課にあるデータを確認しなければならないので時間がかかる。このように、**資料確認に時間がかかるときは議会運営にも影響するため、議会事務局長（議長）に時間がかかる旨（大まかな時間も含めて）を説明し、至急連絡をとって確認しなければならない。**できれば質問議員の持ち時間内に確認して答弁できればよいが、時間がかかりそうな場合には、議会事務局長（→議長）にすぐには確認できない旨を説明し、対応方法を考えなければならない。

そのような場合には、休憩時間が近くなっていればそのまま休憩をとってくれるか、議長が質問議員に対して「資料確認に時間がかかるようだが、その答弁がなければ質問を続けられないのか？」などを確認し、返答次第では休憩時間までは間があっても一時休憩をとることもある。いずれにせよ、議長の議会運営判断に委ねることになる。

すぐに確認できるような待機体制を取っておく。

PART.3

53

効果的に数値を盛り込みたい

議会の質疑は、ともすれば「あるべき論」に終始して、すれ違い論議になってしまうこともある。

もちろん、意図的にすれ違う答弁も慣れてくれば必要になるが、そうではない、空中戦のような議論では、他の議員も傍聴者もさっぱり内容がわからなくなってしまう。

そのようにしないためには、実際の事業実績や過去の決算数値など、数値を使いながら論点を明確にしていく必要がある。数字は嘘をつかないし、説得力が増す。また、議員の質問が事業の考え方に関することだけであっても、答弁する側が**状況説明の際に最初から具体的な数値を盛り込んで説明すると、実務面に議論を誘導し、執行部側のペースに巻き込む**ことができる。しかし、嘘をつかない数値を扱うには、ミスも許されないことに注意してもらいたい。

私が、数値を意識して答弁するようになったのは財政課長当時である。もちろん、財政課長として、予算・決算の審議時には数値を中心に議員とのやりとりをするわけであるが、単なる

当該年度の数値だけではなく、過去の決算数値を整理し、その推移を説明することによって議論のポイントを明確にできた経験があったからである。

具体的には、過去10年間の決算データをエクセルで整理し、答弁に使いそうな箇所はグラフ化して資料を準備した。このデータを基に、単年度だけではなく経年変化についても答弁することで、健全財政のあり方を議員に理解してもらうことができ、自信につながった。このデータをさらに発展させたものを、後輩たちが「市の財政状況について」という冊子としてまとめ、市民説明などに使ってくれているので嬉しく思っている。

このように、日常的に数値を意識して仕事をする習慣をつけることによって、言葉の羅列でも数値の羅列でもない説明ができるようになる。さらに、それぞれの所管データを自分なりに整理し、グラフ化するなどの工夫をすれば、他の管理職にはできない格調高い答弁につながる。

数値を根拠に説明することや効果的に数値を織り交ぜて答弁することで、質問の糸口を摘み取ることも可能になるので、ぜひ実践してもらいたい。

数値は嘘をつかないが、ミスに注意する。

PART.3

54

議員の発言に間違い・誤認識がある

議員は、さまざまな意見・見解を常に自分の都合のよいように解釈する特性がある。それゆえ、議会においても、自分にとって都合のよい考えに基づいた質問をすることが多い。したがって、執行部側の答弁に際しては、客観的な事実、社会通念上一般的とされている考え方を理解し、特定の偏った考え方を排除するように努めなければならない。

議員の質問内容を聞いて、事実そのものを勘違いしていると思われるような場合には、やんわりと、**「議員のお尋ねの趣旨は○○だと思いますが、その根拠（背景）は□□であります」**などと言い直してしまう。そうすれば、ほとんどの場合は議員が勘違いに気づき、また、自ら発言内容を訂正する機会を与えることにもなり、議員からお礼を言われるときもある。勘違いしたままの発言が会議録に残ってしまうと、後々に恥ずかしい思いをすることになるので、それを回避させてあげることができ、議員に恩を売る効果もある。

しかし、中には答弁者側が言い直しても気づかない議員もいる。勘違いに基づく発言を繰り返すようであれば、もう少しストレートに**「お尋ねの内容について若干の勘違いがあるかもしれませんが、〇〇と理解しご説明します……」**などと答弁する程度にとどめておく。それでも修正しなければ、議員の自己責任である。

議員の質問内容に明らかな事実誤認がある場合には、質疑の混乱を避けるためにも社会通念上一般化されている解釈論や正確な事実情報で議論しなければならない。

その場合であっても、「議員の考え方は間違っています」と答弁してしまっては、議員の質問がますます過激になってしまうことが考えられる。そのような事態を避けるためにも、「確かにそのような見解も一部にはあると聞き及んでおりますが、我々としては〇〇といった考えで事業を推進してまいります」などといった答弁が必要になる。

また、議員も少数意見であることを承知した上で、それが正しいと考えているといった確信犯的な場合もある。そのような場合は、議論が平行線状態になることは避けられないことであり、執行部側は議員の都合のよい見解に負けることがあってはならない。その結果、審議が膠着状態になっても、そこは議会運営上の問題にもなるので、議長判断で議事が運営されることになる。

✓ 勘違いはやんわり修正、確信犯的な誤解は割り切る。

PART.3

55

議論が平行線をたどり収拾がつかない

質問議員の考え方と執行部側の考え方がまったく異なっており、いくら答弁しても平行線状態でまったく収拾がつかないときもある。

お互いの議論によって、従来にはなかったような取組みのきっかけになるのであれば別だが、堂々巡りや生産性のない水掛け論になってしまうのでは、言い方は悪いが時間の無駄とも言える。

そのような場合には、「議員のご発言の趣旨は○○と承りますが、私どもの考え方はそうではなく、□□であります。議員のご発言については、今後の課題として受け止めさせていただきます」などと冷静に答弁し、議論を別の観点に向けるようにしなければならない。

また、質問内容が執行部の方針と異なる方向に誘導する趣旨である場合、**単に否定するのではなく、執行部としての考え方や根拠を説明し、論点を明確化する。**そうすることによって、他の議員や傍聴者は質問議員の思いと執行部側の考えを理解し、どちらが適切なのかを判断することができる。質問議員の言っていることが無理難題と思われれば、執行部側の方針に賛意を示してくれる議員で多数を占めることが可能になる。執行部側の方針決定は単なる思いつきではなく、**さまざまな議論を経たものであることに自信を持って、議員のさまざまな意見にも挫けることなく説明する**ことが重要である。

平行線の議論が延々と繰り返されるのであれば、議会事務局長（↓議長）に状況を理解してもらい、「先ほどから同じ答弁の繰り返しになっているので、議員は質問趣旨を変えてください」などと議長に議会運営の整理をしてもらうしかない。

同様に、適切な答弁しているにもかかわらず、同じ質問を繰り返す議員もいる。本人も同じ質問をして答弁が変わることはないと理解しつつも、言葉を換えながら巧みに都合のよい答弁を引き出そうとする。答弁者側も辛抱強く「繰り返しの答弁で恐縮ではございますが……」などと断った上で、同じ答弁趣旨について言葉を換えながら説明しなければならない。しかし、あまりに繰り返すようであれば、「〇〇のご質問については先ほどから繰り返しお答えしているとおりでございます」と言い切り、後は議長の議会運営に委ねることになる。

繰り返しの質問にも辛抱強く言葉を換えて答弁する。

PART.3

56

答弁に漏れがあることに気づいた

一度に複数の質問をされたときには、ベテラン管理職でも答弁を漏らしてしまうことがある。慣れていない管理職であればなおさらで、わずか数問であっても答弁を漏らしてしまうこともあるが心配する必要はない。

議会答弁に慣れないうちは、発言をしながら自分で答弁漏れに気がつくことは少ないと思うが、もし、**答弁中に気がついたときには質問項目の順に答えなくてもよいので、最後に追加して答えればよい。**その場合は「答弁漏れがありましたので、引き続き答弁させていただきます」などと断れば問題ない。

部長も課長答弁で漏れがあった場合には、メモをして、課長答弁が続いているのであれば、そのまま追加答弁できるように、答弁台にそっとメモを置くなどフォローしてもらいたい。

よく見かける、やってはいけないことは、質問議員から「○○に答えていない」と自席に座ったまま言われ（公式な発言として会議録には残らない）、慌ててそれに反応し、答弁者側も

「どの部分ですか？」などと不規則発言をしてしまうことである。

質問議員の正式発言以外に反応することは避け、いったん席に戻って、部長からも答弁漏れの部分を確認した上で答弁し直せばよい。議長から**「○○の答弁が漏れている」と指摘されても、「わかりました」と答えた上で、気持ちを落ち着かせるためにも一度は席に戻るべき**である。したがって、部長も部下の答弁には気をつけていなければならない。

答弁終了後に待機席に戻った時点で答弁漏れに気づいたとき、議長や上司に指摘されたときは、すぐに挙手をして、再度議長の指名を受け、議員の再質問前に引き続き答弁する。「申し訳ございません。先ほどの答弁で漏れがありました」と前置きして答弁すればよい。

質問議員も答弁者も気づかないまま、その一般質問を終了してしまうこともときどきある。そのときには、休憩時間などを使って質問議員と接触し、答弁が漏れてしまったことを謝るしかないが、この場合は、質問議員も議長も誰も気がつかなかったことであるから、会議録上は記録には残せない。私も、そのような経験をしたが、質問議員も「自分も気がつかなかった、今度の機会にまた質問するかもしれないから、そのときはよろしく」と言われただけで終わったので、心配することはない。

答弁漏れに気づいたときにはすぐ追加の答弁をする。

PART.3

57

前任の業務に関する後任者の答弁がおかしい

異動によって所管が代わっても、前任の業務についてまったく関わらなくてよいわけではない。以前所管していた業務について、異動後に議員が聞きに来ることもあるので、その際には説明しなければならず、同時に後任者に議員から説明を求められたことを伝えなければならない。

また、以前所管していた事業などの議会質問には耳を傾ける習慣をつけておくことが望ましい。控室には行かないまでも、自席でもよいから答弁内容を聞いているように心がけたい。というのも、新課長が答弁に慣れていないと、従前と異なる、あるいはまったく脈絡のつながらないなど、思わぬ失敗答弁をしてしまう危険性もあるからだ。

だからこそ、自分が新しいセクションに異動したときは過去の答弁内容をチェックし、わからない点があれば前任者に確認することが基本である。仮に、組織として答弁の方向性を変えるような結論になったときには、前任者にもその内容について連絡しておくことが望ましい。

それでも慣れないうちは、自分でも気づかないうちに、前任者とは違う内容の答弁をしてしまうこともある。

前任者が自席で議会の様子を聞いていて、新課長の答弁が自分のときの答弁と食い違っているときは、耳をふさいで素知らぬ顔をするのではなく、**議場に走り、当該課長にメモを渡すか、議場内にいる部長に確認すべき**である。その上で、もしも単純な間違いであれば、その質疑が終わる前に答弁を訂正させる必要がある。メモは、「自分のときにはこうだったが、その後、理事者調整などで方向性が変わったのか？」と確認する内容にし、**方針変更がなされていないようであれば、従前の答弁骨子を最低限でよいので書いて渡す。**

また、課長が舞い上がってしまい、自分の答弁ミスに気づかないような場合、説明しても理解できていないような場合には、部長が前任課長に確認し、現課長答弁を修正する必要もある。

その場合には、課長答弁が間違っていたという言い方ではなく、「課長答弁に若干混乱した点がありますので、私から改めてお答えします」などと言えば、課長をかばうこともできる。

異動しても前任セクションの答弁内容には耳を傾ける。

PART.3

58

話している最中に答弁内容が間違っていると気づいた

議会答弁に慣れないうちは、自分がまったく違う答弁をしていても、なかなか気づかないものである。

例えば、用意しておいた別の想定質問についての答弁内容を話してしまうようなこともあり、質問議員も議場全体も「何を答弁しているのだろう?」とキョトンとしてしまう場面もときどき見受けられる。このときは、部長が合図をして答弁をいったん中断させるか、そのことにも気づかずに答弁を終えてしまったら、戻ってきたときに、答弁が違っていることと本来答弁すべき内容を話し、再答弁させなければならない。その場合は、議会も中断状況になっていると思うので、資料を確認したらすぐに手を挙げて、答弁をやり直すことになる。

また、答弁の途中で自分で間違っていたことに気づくときや、部長から「答弁が違っている」と後ろから声をかけられるときもある。部長から声をかけられたときには、答弁を一時中断し、議長に「確認するのでお待ちください」などと断ってから部長の指示を受け、再答弁すればよい。

自分で気がついたときには、関連する資料が手元にあれば、そのまま**「答弁内容が間違っていました。申し訳ありませんが、答弁をし直します」と断った上で、答弁し直せばよい。**

答弁資料が手元にない場合には、不正確な答弁をするわけにはいかないので、質問議員に「答弁内容が間違っていました。資料を再確認させてください」と断り、議長にも断りの礼をした上で、待機席に戻り、資料を確認してから再答弁する。その際には「答弁内容の間違いで時間を取ってしまい、大変申し訳ありません」と素直に謝ってから答弁をし直す。

答弁台から待機席に戻って気づいたときには、議会事務局長（↓議長）に説明をして答弁をやり直すことになる。そのときは議長が、「先ほどの○○課長の答弁について修正があるようなので発言を許します」などとフォローしてくれる。

答弁の修正はできるだけ避けられるよう、慌てて答弁するのではなく、落ち着いて資料を確認し、質問内容が曖昧なときには部長にも確認した上で答える心構えが必要になる。

☑ 答弁内容の修正は断りを入れてから。

PART.3

59

発言を訂正したい

自分では間違いのないように答弁しているつもりでも、数値を読み間違えてしまったりする「うっかりミス」は絶対にないとは言い切れない。

私自身も、毎回完璧な答弁でボロを出さずに議会を乗り切れたとは思っていない。失敗を反省しながら、ミスの頻度をできるだけ少なくするように努力をしてきたので、皆さんも必要以上に答弁にプレッシャーを感じる必要はなく、成長のためのステップだと考えてもらいたい。

完璧を目指しすぎると余計にストレスを感じてしまうので、**「間違った発言をしてしまったときは、早く気づき訂正すればよい」と考えたほうが精神的にも楽になる。**完璧さを求め、自分を必要以上に追い込むことはない。

答弁内容そのものが間違っていた場合には、できる限り早く訂正をしなければならない。

単なる数値の読み違えなどの発言内容の訂正は、気がついたらすぐに挙手をして発言の訂正をすればよい。

「ただ今の答弁で数値を間違えてしまいました。〇〇と申し上げてしまいましたが、正しくは□□です。申し訳ありません」と言って訂正する。また、部長は課長発言で間違いがあった場合には、課長答弁が終わったらすぐに間違っていることをアドバイスする。

すぐに訂正できなかった場合の対応は難しくなる。

同じ議員がまだ質問を続けているのであれば、他の質問項目に移っていても、その質問が終わった段階で、議会事務局長（↓議長）に説明をして発言の訂正をする。また、他の議員の質問に移ってしまった場合にも、同様に許可を得た上で発言の訂正をしなければならない。**できればその日のうちか遅くても翌日の議会冒頭に訂正できるように対応したい。**

質疑のその場ではなく、翌日以降に間違いに気づいた場合は、単純なものに限定されるものの、会期中であれば、発言者が訂正を申し出て、議長が許可した場合に限り訂正が可能であると考えられるが、その対応は議長の判断に委ねられる。議長判断には、議場での訂正発言ではなく、会議録調製権に基づき、会議録を修正するケースも考えられる。

間違い発言に気づいたときにはすぐ訂正をする。

PART.3

60

発言の取消しの方法を知りたい

議会審議では、正確な事実に基づいて答弁しなければならないが、前項で述べたとおり、ときには間違った発言をしてしまうこともある。こうした場合、訂正できるのは、単純な言い間違いや軽易な数値の言い直しなどが中心であり、答弁の趣旨そのものを訂正することはできないと考えるべきである。

発言趣旨の変更・訂正や不穏当な発言を「取り消す」場合には、議長ではなく議会の許可が必要になる。

私の経験では主に、議員の発言が物議を醸し出し、議長が一時的に議会を中断し、発言者と調整の上、発言取消の申し出を受けて、議会に諮り賛成多数で決した上で取消発言をさせることや議長による地方自治法に基づく発言取消命令、他の議員による発言取消要求の動議などがあった。

議員の発言取消のケースが多かったように思うが、ときには、執行部側の発言でも取消しに苦労していたこともあった。その場合は、議員発言の取扱いに準じて行われていた。会議録には発言取消部分が「××××××…」などと記載されているので、皆さんも過去の会議録を確認すると出合うかもしれない。

このように、当日の議会審議も含めて**執行部側の発言取消は簡単にできるものではないことを肝に銘じて答弁しなければならない。**万が一そのような事態になってしまった場合にも、質疑のやりとりをしているその場で取消しをしなければならず、その場合は発言者ではなく、上司である部長・副市長が発言を取り消し、正確な内容の発言をしなければ収まらない事項と考えなければならない。

最近は議会をウェブ中継している自治体も増えてきており、特にライブ配信している場合は訂正できないと考え発言することが必要になる。また、録画配信をしている場合は訂正も可能だが、いずれにしても、議場での発言は言葉を選んで慎重にしなければならない。

発言取消は議会の同意が必要になるので注意する。

PART.3

61

提出した資料の間違いに議場で気づいた

いくら完璧に仕上げたつもりでも、資料のミスは避けられないと考えて対応したほうがよい。

資料作成時に最低限しなければならないことは、複数の目でチェックすることである。そうすることによって間違いをゼロにはできないまでも少なくすることが可能になる。

議会に提出する資料は特に注意が必要だ。資料が間違っていたことで、場合によっては議員から「審議の前提になっていた条件が違うのだから、議決は無効だ」などと言われかねないので、通常の資料作成時よりも確認回数を増やすなどの対応が必要になる。

また、**資料の間違いを繰り返すと、執行部側の信用を失う**ことになる。特に予算・決算時の資料は膨大な量になるので、ダブルチェック・トリプルチェックは当たり前だ。また、やってしまいがちな、前年の資料をコピペして作る場合などは、気づかなかった前年のミスを繰り返し資料として提出することになりかねないので細心の注意を払ってもらいたい。

一般質問に関連した資料について、審議当日に間違いに気づいた場合には、気づいた箇所だけではなく、提出資料全体を見直し、他に間違えている箇所がないか、担当係長にも確認させた上で対応することが必要になる。

すでに関連質疑が始まっている場合には、**係長の再チェック結果を待たずに、自分が気づいた部分だけでも、できるだけ早い段階で発言し修正する**必要がある。訂正方法は、とりあえず「お手元の資料について一部間違いがありますので、訂正させていただきます」と発言を求め、気づいた箇所だけでもよいから正しく言い直した上で質疑を続けることになる。

また、これから質疑に入る直前に気づいた場合には、理事者の第一答弁後、議会事務局長（→議長）に説明し、議員の再質問が終わった段階で前述同様に資料訂正の発言をしなければならない。

避けなければならないことは、繰り返し資料訂正をすることだ。審議途中で後から後から間違いが出てきてしまったのでは収拾がつかなくなり、提出した資料全体の信憑性が問われてしまう。審議途中で複数の間違いが出てしまった場合には、正誤表などを提出する必要があるのかを議長・議会事務局長と調整し必要な対応をすることになる。

「わからなければ、そのままとぼけてしまえばよい」という考えは厳禁である。

気づいた箇所だけでなく資料全体を再確認し、訂正する。

PART.3

62

提出した資料の間違いに議場の外で気づいた

議会開催中で、当該事案の審議前であれば、議会担当課や議会事務局と調整して資料の差替えなどの対応をしなければならない。しかし、資料差替えが複数の課で発生してしまうと、執行部側の議会に臨む姿勢そのものに不信感を持たれてしまう可能性もあるので、答弁書や資料を最終的にまとめる議会担当課は全庁的に見直しを求めるなどの注意喚起が必要になる。

特に、予算・決算資料などは全庁からデータが上がってきているので、1つの所管だけではない可能性もある。その場合には何回も訂正というわけにはいかないので、予算担当課、議会担当課は再確認を徹底しなければならない。私の経験でも、決算関連の資料にミスが続出し、それも1回の正誤表では終わらずに、何回も差替えをしなければならない事態になり、議長から呼び出され注意を受けただけではなく、議会の混乱を抑えるため、市長が決算委員会で陳謝したことがあった。このようなことは決してあってはならないことである。

仮に、議会終了後に間違いに気づいた場合の対応は難しいが、間違いの内容にもよる。膨大な資料のうちのごく一部で、単純な数値の違いであれば、次の機会に訂正すれば問題になることはないだろうが、間違った内容が、度々審議のテーブルに載っている事柄であったり、重要な内容であった場合、万が一間違いが発覚したときにはそれなりの覚悟が必要になる。

基本的に、**「議員もここまでは気がつかないだろう」と、うやむやにしないほうがよい。**私の経験では、肝心な数値を前年度のものと間違えてしまったものの、そのままとぼけてしまったことがあった。次の議会で資料要求があればその時に正確な内容のものを提出すればよいと考えたが、なかなかその機会がなく、しばらくは、議会の度に何か言われるのではないかとハラハラした覚えがある。これでは、精神衛生上よくないので、皆さんには素直に頭を下げて間違いを訂正しておくことを勧める。

その場合は、修正しないとどのような事態になるかを想定し、部長とも相談しなければならない。重要な案件で議員も注目しているような事柄であれば、大きな問題になってしまうことも考えられる。**修正する場合は、議会担当課と調整し、修正することを議会事務局長に申し出なければならない。その上で、正副議長に頭を下げ、差替えなどの許可をもらった上で、各会派を回って説明することが求められる。**

提出資料の間違いは全庁で確認し、対応する。

PART.3

63

予算審議中に委託費を明示してしまった

予算委員会では、委託費の内容まで質問されることもある。その際、予算で見積もった委託費の詳細な内訳まで具体的な数値がわかってしまうような答弁は避けなければならない。なぜなら、それぞれの事業ごとに委託費の内訳までわかってしまうと、実際の契約事務で、予定価格などがあらかじめわかってしまうことになり、適正な契約に支障が生じるからである。

「委託料」については、予算の款→項→目の下に「13節」として計上される。その説明欄には所管課ごとの事業明細があり、そこにも「節」の中身が記載されている。ほとんどの場合は13節の委託料に関わる内容が複数あり、委託料はまとめて記載されているので、予算書に委託事業ごとの経費が裸の状態でさらされることはない。

予算質疑の中で、個々の委託事業についての経費の詳細を聞かれることもあるが、答弁では**具体的な数値を答えることは避け、委託事業の内容の説明にとどめる**べきである。例えば、「○○事業のシステム保守委託の内容はシステムの保守管理・点検に関わる経費となっています」などと説明し、その具体的な金額は答えないように対応する。また、所管課事業の委託費が1つだけの場合は予算書に記載されているので隠しようがないが、詳細な内訳まで説明する必要はない。

具体的な委託費やその詳細な内訳を質問されたとしても、それに答える必要はなく、たとえ突っ込まれたとしても、**「契約時の問題があるので、答弁は控えさせていただきます」**と答弁すればよい。もし、うっかり答弁してしまったときには、議会事務局長（→議長）に申し出て発言の取消しをしなければならないが、その答弁を聞いている人（議員だけではなく傍聴者、議会中継の視聴者）にはわかってしまうので注意が必要である。

同様に企業名を特定してしまうような答弁も避けなければならない。これは委託事業にかかわらず、例えば、税についても納税額の多い企業名を聞かれたとしても同様である。まったく答えないわけにもいかないとしても、私の経験では「運輸系、アミューズメント系、ソフト開発系の企業」などと内容をぼかして答えた。

また、議会答弁に際しては個人名が特定されるような発言も避けなければならない。その個人に迷惑をかけることにもなりかねないためだ。

委託料を答えてしまうと、契約事務に支障をきたす。

PART.3

64

他部署への質問なのに「流れ弾」が飛んできた

議会の質疑では、思わぬときに「流れ弾」質問が飛んでくることもある。

そのため、議員取材で関連しそうだと言われたときや、過去の質疑で触れられたことがある場合には、控室で待機しておくことも必要になる。自席でも議会中継などを聞いていれば対応が可能だが、その場合流れ弾質問に気付いても慌てて資料を整え、議場にダッシュしなければならず、落ち着いて答弁することは難しくなる。**無駄足かもしれないと思っても、控室で待機していれば落ち着いて対応することが可能**となる。

私の経験では、控室にいるにもかかわらず、あえて時間をかけて資料確認をし、息を切らせて議場に入る（業務で忙しい中慌てて飛んできたとアピールする）演技派のベテラン管理職もいたが、そこまでの演技は不要である。できるだけ控室で待機していることが望ましいが、自席にいたために答弁までに時間がかかった場合には、「時間を取らせて申し訳ありません」と謝ってから落ち着いて答弁すればよい。

議員から「○○の内容について、□□課長だけではなく、△△課長の考え方についても答弁を求める」などと質問されることもある。そのような場合でも、基本は担当所管が**「△△課の答弁とのことですが、質問事務を所管している課長として、責任を持って答弁させていただきます」**などと言って、関連課に振らずに答えるべきである。

しかし、質問内容に多少でも関連性があり、議長も△△課の答弁を期待しているなど、議会運営上無視できないような場合もある。そのときは、議場内で所管課長とも調整した上で、指名された課長が「直接の担当所管ではありませんが、関連課としての考え方として説明させていただきます」などの前提付きで答弁しなければならない。

流れ弾と言ってもまったく関連しておらず、答弁すること自体ができない場合には、議会事務局長（→議長）にそのことを説明して、議長から質問議員に「○○課は所管でもなく、答弁できない内容のようですが？」と注意してもらうことも必要になる。

その場合には、議長も細かな担当所管の範囲まですべてを把握しているわけではないので、本来答えるべき所管課を議長に理解してもらった上で対応する。

「流れ弾」を察知できたら控室で待機する。

PART.3

65

即答できない質問にどう対応すればよいか知りたい

議会は管理職にとって年4回の口頭試問の場であるから、どのような質問にも答えられるような準備が必要になる。そうは言っても、まったく準備をしていない想定外のことを聞かれることや、関係課との調整、庁内での合意形成が必要で答えられないときもある。

議員の質問内容がまったく聞いたこともないような事柄であったり、関連事項も思い浮かばないようなときには、**「ご質問の内容については、申し訳ありませんが認識しておりません。この場でお答えすることはできませんので、今後勉強させていただきます」**などと素直に頭を下げるしかない。そのときに、無理矢理に知ったかぶりをして中途半端に答弁してしまうことは、知らないことを謝るよりも恥をかき、失笑を浴びることになるので避けるべきである。その場は正直に白旗を掲げ、次回の質問時に名誉挽回できるような答弁をすればよい。

庁内調整が必要な場合で、比較的簡単に済みそうなことであれば、議会事務局長（↓議長）に審議を一時中断してもらい急遽調整しなければならない。調整が終わり、質疑を再開するときに、「お時間を取り、大変申し訳ありませんでした」と断った上で答えればよい。

調整に多少の時間が必要な場合は、その旨を議会事務局長（→議長）に説明し、当該議員に他の質問項目についての質疑を進めてもらい、**調整が終わった段階で前述同様に謝る言葉を添えて答えればよい。**当該議員の質問時間が終わってしまう場合には、一時休憩を取ってもらうような対応も必要になる。

全庁的な合意形成が必要、あるいは調整内容が複雑で時間がかかることが見込まれるような事案、その日のうちに調整が終わると思えないような事案では対応が難しくなる。その日の議会を途中で終わらせてしまうのか、質問順を変えるのかは、議長の判断になる。

審議日程の変更については、議会運営委員会の開催も必要になるので対応が難しい。そのため、質問議員の了解を得た上で、その場は議員からの要望・指摘という形で納めてもらい、次回以降の議会で再度質問してもらえるように議員と調整を図ることも必要になる。


知ったかぶりは御法度、正直に答えよう。

PART.3

66

議員の考えにも一理あるが賛同はできない

一般質問の質疑では、議員の主張にも一理あるような場面に出会うこともある。そのときにやってはならないことは、質疑のやりとりの中で、安易にその考えを受け入れてしまうことである。管理職は、理事者に代わって答弁しているのだから、その答弁如何によって、議員の主張を執行部側として受け入れるだけではなく、実施しなければならないような状況をつくり出してしまうからだ。**議員の主張がもっともだと思っても、そのまま受け入れてしまうような答弁を管理職がしてはならない**ことを肝に銘じて欲しい。

議員の考えを参考にしなければならないようなケースでも、「事業の執行状況を踏まえ、今後の検討課題とさせていただきます」などの答弁で切り抜けなければならない。

また、理事者が議員の主張を「もっともなご指摘です」などと受け入れてしまった場合には、それを補助職員として否定することはできない。そこで、「ただ今の発言にもあるように、検討しなければならないと認識し、今後、事務的な側面も踏まえ、内部で条件整備をさせていただきます」などとフォローする必要もある。

いずれにしても、執行部側の考えをその場で修正することは望ましくないので、**「ご意見として受け止めさせていただきます」「ご発言の趣旨を今後の検討課題とさせていただきます」**などと答弁しなければならない。

提出議案についても同様に、審議過程でそのような事態になってしまったとしても、その場での修正はすべきではなく、原案のまま議決を得ることに全力投球しなければならない。

予算に関連するケースについては別途述べるが、議案に関する私の経験で、議員の考えも「なるほど」と思えるような一面があり、他の議員もそれに同調するような流れになってしまったことがあった。提出議案を否決されてしまっては元も子もなくなってしまうし、執行部側の汚点とも言えるような事態になってしまうので、恥を忍んで各会派に根回しをして、発言議員から「付帯意見」をつけてもらった。そして、議案はそのまま通し、その後に、議員の主張を踏まえた修正をしたことがあった。職員としては忸怩たる思いであったが、なんとか議案を通すためにそのような対応をせざるを得なかった。その後、理事者や関係部長にも頭を下げた苦い経験である。

質疑過程で考え方の修正はしてはならない。

PART.3

67

議員の顔を潰さずに提案を却下したい

議員は、さまざまな質問を通じて、市民生活の安定と向上について、執行部とは別の視点で実現させようとしている。それ自体は車の両輪の役割として受け入れなければならない。

しかし、議員の要望・提案は、単なる思いつきレベルの要望から、内容を精査した具体的な提案まで千差万別である。

中には、先進自治体の視察研修や学習会に参加して知識を吸収し、それらを自らの自治体に当てはめ、どのようにしたら市民が満足するサービスを提供できるのかといった内容まで精査した上で、具体的な提案をするケースもある。執行部側の考えに欠けている部分を指摘されることもあり、そのような提案は真摯に受け止めなければならない。特に、議会改革が進んでいる現在では、議員個人ではなく、議会からの政策提案のルートもある。

しかし、議員提案が精度の高い内容になっていないときには、議員の顔を潰さないように、その提案を却下しなければならない場面もある。その場合は、判断過程で管理職個人として対応するのではなく、部長あるいは理事者を含めた調整が必要になる。

議員提案を却下する場合の定型フレーズは以下を参考にしてもらいたい。

① 提案の実現可能性がまったくないか、低い場合

「ご要望の趣旨は理解できますが、その必要性・実現性についてはさまざまな意見もあると思われるので、将来的な検討課題と受け止めさせていただきます」

② 提案内容は理解できるものの、その機運が高まっていない場合

「ご要望の趣旨は理解できますが、その必要性などの検討も必要と思われますので、今後の検討課題と認識しております」

③ 提案内容の必要性は認めるものの、その実現には事務的な調整が必要な場合

「ご提案の内容は重要なことと認識しておりますが、その実現には内部調整や関係機関との調整も必要と考えるので、今後、実現に向けて調整して参りたいと考えております」

④ 提案内容を実現する方向で整理しなければならない場合

「ご提案内容を早急に整理し、実現に向けて進めさせていただきます」などの答弁がある。

却下する場合の定型フレーズを身につけよう。

PART.3

68

議員の一方的な主張を柔らかく否定しなければならない

議員の質問は、施策の一面だけを捉えて全体像が見えていなかったり、思い込みや勘違いをしていたり、例外的な事象を取り上げて、それがすべてであるかのように考えていたりするケースが往々にしてある。それらも、支援者からの要望であれば、その限られた事象を強調して、「問題があるから改善しろ」というような主張にしなければならない場合もあり、質問議員自身も落とし所が見えずに弱っている場合もある。

そのときに、真っ向から否定してしまうと、質疑が硬直状態になってしまうので、避けたほうが無難である。対応としては、質問趣旨を理解したという態度を見せつつ、しかしながら、指摘が施策の一部を切り取った例外的なものや思い込みであることなどを理解してもらわなければならない。その上で、指摘された例外的な事柄について、何らかの対応可能性がある場合であっても、「そのようなケースも考えられるので、具体的な対応を検討させていただきます」などの答弁にとどめ、**安易に実行を約束するような答弁は避ける**ことが望ましい。

与党的な立場の議員や中間的な立場の議員であれば、事前取材で「ここまでは前向きな答弁をできるかもしれませんが、これ以上になると、否定的な答弁になってしまいます」などと、**落とし所を理解してもらう**ことも必要になる。そうすることで、議員も落とし所を見失わずに、「執行部側に鋭い追求ができた」「ここまで執行部側を追い込んで検討させることができた」と支援者に対して言えるようになる。野党的な立場の議員は、事前取材で本音を明らかにしないケースが多く、そこまでの調整はできないので、すれ違いの答弁で逃げ切るしかない。

柔らかく否定する場合は、次のフレーズを参考にしてほしい。

・「調査・研究する」……対応までに時間を稼ぐ。
・「社会情勢の変化に応じ適切に対処する」……他自治体の動向も見ながら判断する。
・「重要な課題と認識している」……課題認識はあるがどうするかは現段階で答えられない。
・「精査の上、今後の方向性を考える」……単なる検討よりは真剣に受け止める。
・「努力する」……対応に向け一歩進める。

事前取材で落とし所を見つける。

PART.3

69

野党的な立場の議員の質問に肯定的に答弁しなければならない

最近は、どの自治体議会も与党・野党の立場が曖昧になってきており、どの議員も「是々非々」の立場となり、議案裁決時の票読みが難しくなっている。

私が現役職員だった頃も、当初は与党会派の票は確実に読むことができ、中間的な立場の会派の票読みに専念すればよかった。しかし、後半は与党会派も「与党的な立場の会派」となったため、票読みが難しい状況になり、議会対策に苦慮した。今はその傾向がより顕在化し、非常にやりづらい状況になっていると思われる。

その意味では、従来はキャスティングボートを握る中間的な立場の会派から賛成をもらうことが議会対策のメインであり、その扱いに苦慮してきたが、現在は、ケースによっては野党的な立場の会派からも賛同を得ることが必要になってきていると思われる。根回しも大変だが、議案をどのように通すのか、試行錯誤を続けてもらいたい。

野党的な立場の議員は、基本的に執行部のやり方を批判し、責め立てることで、後援者を確保しているので、肯定的な答弁が求められる機会は少ないが、まったくないとも限らない。

例えば、普段は提出議案に賛同しない野党的な立場の議員が、一般質問などで執行部側が内部検討を始めている施策に関連したことを質問することもある。そのときには、執行部の政策に否定的な議員からの質問だとしても、執行部側の考えに沿っており、議決の際に有利なものであれば肯定的に答えざるを得ないケースもある。しかし、ストレートに肯定的な答弁をすると、今度は与党的な立場の会派議員がへそを曲げてしまう危険性もある。

そこで、質問されてしまった場合には、**「議員のご提案は理解できますが、一方では○○の課題もあり、それらを踏まえて検討すべき内容かと存じます」「貴重なご意見として受け止めさせていただきます」**くらいの答弁でやり過ごすとよい。

そのようなことがあらかじめ予測されるような場合には、日頃から執行部に協力的ないわゆる与党的な立場の議員に先に質問してもらい、方向性を示しておけば問題ない。その後に、野党的な立場議員の質問に「先ほど○○議員にもお答えしたように、現在その事案に対する施策を具体的に詰めている段階であります」と答弁できれば、与党的な立場の会派からのクレームもなくなる。

野党的な立場の議員への肯定的答弁は一工夫が必要。

PART.3

70

与党的な立場の議員の質問に否定的に答弁しなければならない

前項とは逆に、日頃は執行部提案に協力的な与党的な立場の議員からの質問であっても、否定的な答弁をしなければならないケースもある。しかし、与党的立場の会派を敵に回すと、議案可決がますます困難になってしまうので、答弁も難しくなる。

事前取材などにより質問内容を確認するだけではなく、質疑の前に、答弁内容にまで触れた調整も必要である。一番よいのは、事前調整で質問内容を変えてもらうことだが、議員も支援者から依頼された事柄は質問しなければならないので、簡単にはいかない。

必要なことは、**課長1人で判断するのではなく、部長・理事者にも状況を説明し、どのような対応をするべきか確認する**ことである。その議員の質問であっても前向きな答弁はできないという結論になれば、「貴重なご意見として受け止めさせていただきます」などと、安心して答弁できるようになる。

気をつけてもらいたいことは、与党的な立場の議員への答弁だからといって、**安易にリップ**

サービス的な答弁をしないことである。そのリップサービスは議員全員に言ったことになるので、後で、野党的な立場の議員からも上手く使われてしまう恐れもあるので、余分な答弁をする必要はない。

しかし、事前に確認せず、ぶっつけ本番で否定的な答弁をしてしまうことだけは避けなければならないので、質問議員には事前調整で、質問内容を変えない場合には、全体としては**否定的な答弁になってしまうことを理解してもらう**必要がある。加えて、会派代表にも事前に耳打ちをしておけば、「うちの会派議員の顔を潰した」と文句を言われることもなくなる。

私の経験では、質問議員に「よい答弁は難しいですが、それでもよろしいですか？」と確認してから答弁したが、会派代表に話を通していなかったためにしばらく睨まれてしまい、会派調整が難しくなったことがあるので、皆さんも気をつけてほしい。

答弁方法にも気を使う必要があり、単に「できません」は論外である。せめて、「ご指摘の通りの面もございますが、現状では内部検討の段階でありますから、この場でのお答えは控えさせていただきます」とか、「ご指摘の点を踏まえて、今後の検討課題として受け止めさせていただきたいと存じます」などと、オブラートに包んだ答弁でかわしたい。

顔を潰さぬよう、十分な事前調整の上で対応する。

PART.3

71

部下の答弁が質問の意図を捉えていない

部下の管理職が議会答弁に慣れないうちは、その答弁をいつでもフォローできるような姿勢で聞いていなければならない。答弁漏れだけではなく、質問者の意図と異なったことを答弁してしまうこともある。そのときは、叱責するのではなく、部下の成長の過程として受け止め、その失敗を少なくするように指導してもらいたい。

議場で気づいたことはメモをして、部下本人が忘れないように、その日のうちに改善点を直接注意することも必要である。**答弁直後でも議会終了直後でもなく、気持ちが落ち着いた当日中に指導をすることが、部下の理解のために重要である。**私も、上司から何回も指導され、上司や先輩の答弁を見習うことで、少しずつ自信を持って答弁できるようになった。一度の注意ですべてが改善されるわけではないので、根気よく成長を見守る姿勢で部下を育てよう。そして、部下が成長することで、自分自身の議会対策もさらに充実することになる。

実際に、議場内で部下の答弁が質問の意図とすれ違っていると気づいたときは、部下の答弁が終わり、答弁台から待機席に戻った段階で、すぐに答弁がかみ合っていないことを指摘する。そして、**質問の正確な趣旨と答弁の内容を速やかに指示し、できるだけ本人に再度答弁させる。**できれば、口頭だけではなく、その内容を簡単に記したメモも見せながら指示するとよい。そうすれば、課長が改めて答弁し直す際も、落ち着いて修正できる。

また、課長答弁の途中であっても、質問議員や議場内がざわつくようであれば、課長に声をかけて一度答弁を中断させ、答弁台から戻させて指示することが望ましい。課長が答弁台で立ち往生してしまうよりも、発言修正のチャンスをつくることができる。そのときには答弁している課長も「申し訳ありません、少々お待ちください」と断って、答弁台を離れればよい。

答弁が終わって指示をしても、部下が動揺してしまって、上手く対応できないときもある。課長が修正内容を理解できていないようなときには、議員が再質問する前に、「ただいまの課長答弁を補足いたしますと……」と前置きをしてから、代わって答弁修正をすればよい。

部下の答弁を修正せずにそのまま続行させ、答弁に行き詰まってからでは答弁修正が難しくなるので、早めの対応が必要である。

答弁修正は課長の発言をストップさせて行う場合もある。

PART.3

72

緊張して早口になってしまう

声の出し方、表情、態度によって、議員や傍聴者から見たときに自信を持って答弁しているのかそうでないのか、評価が分かれる。

せっかくよい内容の答弁をしていても、小さな声で語尾がはっきりしない答弁や、おどおどして目力のない表情での答弁、下を向きながらいかにも原稿を読んでいるような態度の答弁では、準備不足で自信を持っていないようにしか見えない。質問議員に、「ここは突っ込みどころだ」と勢いをつけさせかねないので注意しなければならない。逆に考えれば、**堂々と胸を張って答弁すれば、多少の準備不足もカバーできる**ということだ。落ち着いて、一言一言をハッキリ、堂々と議場全体を見ながら答弁できるように頑張ろう。

誰でも緊張すると早口になったり、語尾が不明瞭になったりしてしまう。私も準備不足だったり、都合が悪かったりするときは、緊張して答弁から一刻も早く逃げ出したい気持ちから、早口になっていた。周りの職員からは「今日は調子悪かったですね。いつもの田村節が出なかったですよ」などと冷やかされることもあったが、これは経験で解決できる。

話すスピードについて、アナウンサーは1分間で300文字を話すように訓練するそうだ。私は、議会答弁ではそれよりもゆっくり話すことを心がけ、訓練もしてきた。自分では「ゆったりすぎてテンポが悪いかな?」と思うくらいのスピードで、**語尾をハッキリ発音し、文章の段落ごとに「間」を置くような話し方**を実践してきた。皆さんも自分の話し声をスマホなどで録音して声のトーンや話すスピード、滑舌などを確認し、同僚にも聞いてもらって練習するとよい。

普段はそうでもないのに議会答弁では早口になってしまう人もいる。普段から早口の人はさらに早くなり、速射砲のごとく言葉が飛び出してくるので注意しよう。

以前、アナウンサーの方から伺った話では、腹式呼吸が発声の基本だが、そのコツは息を吸い込むのではなく先に息を吐き出すことだという。そうすれば自然と息が入ってくるそうだ。

他にも、滑舌を良くするためには口角を上げて口を横に開き「イ」と「ウ」を繰り返し発声すること、舌の動きを滑らかにするためには「ナ」行と「ラ」行の発声練習をするとよいことを教えていただいた。皆さんも参考にしてほしい。


緊張するのは当然と考える。話し方も訓練次第。

PART.3

73

議員のヤジに動揺してしまう

議場でのヤジ（不規則発言）は、実際に聞くと、議会中継などで視聴しているときよりもクリアに聞こえる。答弁に慣れないうちは驚く人も多いだろう。

ヤジには、①答弁内容を応援してくれるようなものと、②答弁内容に文句をつけているものがあり、前者の場合は応援団と思ってそのまま答弁を続ければよい。しかし、どちらかというと後者が多く、他の議員のヤジで質問議員が「我が意を得たり」と思ってしまい、質問にも力が入ることもあるので、その対応もやっかいで、答弁するときには気になるものである。

質問議員が座ったまま、議長の指名を受けずに「質問に答えていない」などと言ってきたときに、「あっ、どの部分ですか？」などと聞き直し、答弁してしまうのは慣れないうちは止むを得ない面もあるが、**質問者以外の議員からのヤジは完全に無視**すればよい。

それらのヤジに反応し、それに答弁してしまうことは絶対に避けなければならない。また、ヤジを飛ばした議員を見る必要もない。気持ちとしては睨み付けたいところだが、睨んだり呆れた顔をしたりしてしまうと、たちの悪い議員は繰り返しヤジを飛ばすようになるので、無視するに限る。無視を繰り返していれば、議員も「この課長はヤジっても反応しない」と思い、ヤジも減るはずである。

議員のヤジがうるさくて、質問者や他の議員、傍聴者に聞こえないような場合には、答弁台で答弁の音量をわざと下げ、聞き取りにくくすれば止むこともある。または、話を中断し、議場全体を「なんだ？」と緊張させるなど、ヤジが収まるまで何も発言しないくらいの勇気があってもよい。それでもヤジが止まらない場合には、議会事務局長（↓議長）に話をして、議長からヤジを抑えるように注意してもらうことも必要になる。

ヤジが飛び出すのは議論が熱を帯びたときなので、**答弁者側が興奮したら負け**になってしまう。議員も反応できないと見越してヤジっているのであるから、基本は無視の一手である。

同様に、傍聴者からヤジられる場合もあるが、これは一切無視する。議会規則でも傍聴者の発言は禁止されているので、傍聴者席からのヤジには議長が厳しく注意するはずである。議長が注意しない場合には、「傍聴者席がうるさいので、答弁の邪魔になります」などと議会事務局長（↓議長）に申し出て、傍聴者の発言を止めさせなければならない。

ヤジは無視して冷静な答弁に徹する。

PART.3

74

議員の執拗な追及にイライラしてしまった

議員は、傍聴者が多いときや後援者が傍聴に来ているときなどは張り切る傾向がある。いつもは要望であっさり終わる議員もときには執拗に実施の是非を求めてくることもある。これは議員の性であるから、**議場に入り、傍聴者がいつもより多いと感じたときには注意しなければならない。**

そのような状況で、議員の執拗な追求に感情的になってしまったら、余計に相手のペースにのまれ、負けの答弁になってしまうので、逆に普段の答弁よりも冷静にならなければならない。議員に煽られて感情的になってしまっては、たまたま傍聴に来た市民には、議員のすごさが目立って見え、執行部側の印象が悪くなってしまう。他の議員や傍聴者を応援団にするくらいのつもりで、堂々と答弁することを意識したい。

そのようなときに、どぎつい言葉を使って挑発・攻撃してくる議員もいるが、闘牛士のように突進をかわせるようにしたいものだ。思い込みの強い議員や傍聴者が多いので、張り切っているような議員でも、最初の質問さえヒラリとかわしてしまえば、意外と後が続かなくなるので、逆に答弁者側が主導権を奪うことも可能になる。

気をつけなければならない議員は、**自分は多くを語らず、答弁者に多くを語らせようとするタイプ**である。知識が豊富であるにもかかわらず、自分が知っていることをあえて執行部側に答弁させた上で、即座に答弁の弱点を見抜き、その場で簡潔な言葉で攻めてくる議員が一番怖い。私もこうした「一言攻撃」には手を焼いた。

例えば、議員が「○○事業の改善点についてどのように考えているのか？」などといった質問を繰り返し、自らの考えを示さないようなときは、議員の質問にストレートに答えるのではなく、「議員もすでにご存じのことと思いますが、その件については従前より○○の対応を取っております」などと経過説明にとどめ、課題と認識しているようなことをこちらからは話さず、水を向けられても深入りしないように注意してきた。そうすれば、議員も持ち時間の中で自分の考えを明確にしなければならないので、それを待って答弁してきた。

議員も職員の性格を見ながら、ムキにさせて、自分に有利な展開にしようと考えているので、感情的になることは避けなければならない。

議員の挑発に乗って興奮してしまったら負けと思え。

PART.3

75 首長が事前調整と異なる答弁をしてしまった

首長は、職員とは異なり政治家であるから、議会質疑の途中で庁内調整内容とは異なる発言をすることもある。これは、議員とのやりとりの過程で、議員の主張に一定のメリットを感じたときや、議員の発言を受け入れないと、その後の行政運営に支障をきたすと判断したときである。そのような事態にならないためにも議員の事前取材は重要であるが、そのすべてを把握することは難しい面もある。

職員の立場からすれば、首長も議員の主張は受け入れつつ、それを庁内で議論する余裕を持たせた答弁をしてもらいたいものだが、議場内でいきなり方向性を変える発言をしてしまうこともあり、そのときの対応は難しくなる。

首長発言の後にその場で、本当に従来の方向性を変えるのか、それとも単なるリップサービスなのかを確認しなければならない。そのためには、理事者と関係部長が話をして首長の本意を確かめる必要がある。

その上で、勘違いがあるようであれば、首長答弁をそのままにしておくことはできず、執行部側の立場で補足しなければならない。その場合は、「ただ今の答弁について、事務的に補足させていただきます。○○を修正する内容ですが、その内容はきわめて例外的な事象であり……」などと、**首長答弁を変えるのではなく、事務的な必要性や可能性について答弁のニュアンスを軌道修正する**ことになる。

首長の答弁を変えることは、執行部側の責任者である首長にしかできない。また、職員は首長の補助執行をする役割であるから、基本的にはその指示に従わなければならない。しかし、法的・制度的な問題があるのであれば、そのことを発言しなければならない。

例えば、「ただ今の答弁について、執行に際して整理しなければならない問題もあるかと思いますので、その点を整理した上で、改めて議会とも相談させていただきます」などの答弁が考えられる。また、法的に問題はないものの関係機関などとの調整が必要な場合、内部調整に時間を必要とする場合などは、「ただ今の答弁に基づき、事業調整をいたしますが、実施段階で改めて議会にも報告させていただきます」などの答弁で時間を稼ぐことになる。このような答弁は、部長以上の立場の職員が行う。

首長答弁のフォローは部長以上の職員の出番。

PART.3

76

理事者が答弁をしたがらない

議会審議では、議員は管理職とのやりとりの後に、必ずと言ってよいほど「理事者はどのように考えているのか？」と最終的な質問をする。しかし、すべての質問に理事者が最終的な答弁をしたのでは、部長の存在感がなくなるので、部長職は理事者の答弁をできるだけ少なくする心構えで頑張ってほしい。

理事者に代わって答弁する際は、「第一答弁でお答えしているとおりで、その関連については私が代わって答弁させていただきます」などと断って答弁すれば問題ない。それで議会が紛糾し、議長から理事者答弁を求められたときは理事者が答弁しなければならないが、第一答弁を理事者がしているので、少なくともすべての一般質問に理事者が最終答弁をする必要はない。

一方、理事者が答弁をしたがらない場面もある。それは庁内で合意形成していない事柄などに理事者が答弁してしまい、それが執行部の方針となってしまうことを避ける配慮もある。この場合、**部長がまず防波堤になる覚悟で「検討課題」的な答えをしておくが、議員から理事者**

の答弁をしつこく求められた場合には、副市長などのナンバー2に代わって答弁してもらうこともも必要になる。

私の経験では、野党的な立場の議員が平和関連の映画の感想を求めたときに、市長が答弁する気配がなかったので、「市長への質問でありますが、その映画についての感想は個人的なものになるのでお答えする必要はないと思います。私も、その映画を観ましたが、ここでは個人的な感想を述べることは差し控えさせていただきます。映画を観た市民の方々もさまざまな印象をお持ちだったように感じました」とすれ違いの答弁で終わったことがある。

これとは違うケースだが、**議場内で、担当所管が答弁に詰まっているときなどには、企画政策担当や総務担当の部長がフォローし、アドバイスする必要がある。**それを受けて担当部長が答弁するが、見え見えの対応は担当部長の顔を潰すことになり、好ましくない。

また、理事者から代わって答弁するように指示される場合もある。そのときは、「企画政策・予算担当（総務担当）の立場で総合調整の役割もありますので、代わってお答えします。細かな部分については担当部長より答弁をいたします」と断ってから答弁すれば、担当部長が考える時間を稼ぐこともできるし、顔を潰さないことにもなる。

部長の役割は、理事者の出番を減らすことと考える。

PART.3

77

議場内で誰が答弁するか決められない

一般質問であれば、再質問も含め、議員取材によって執行部内部であらかじめ答弁調整ができるが、特に予算・決算時の質疑では、所管のグレーゾーンをつかれ、どちらが答弁してよいのかわからないときもある。その場合にやってはならないことは、それぞれの所管で「お見合い」をしてしまうことである。どちらが答弁するか悩んでいる姿は、議員に隙を突いて質問に有利な状況をつくり出せる機会と捉えられ、議員が精神的に優位な立場になるからだ。

所管同士でどちらが答弁するか悩んでしまうことを避けるためには、**日常的に関連セクションで情報を共有し、連携できる体制を構築しておく**ことが有効である。

その際の答弁方法は、「ただ今のご質問は両課に関わる事柄ですので、まず、私から考え方などをご説明させていただきます」あるいは、「私のほうから具体的な関係する数値を申し上げます」などと前置きをした上で、所管として把握している内容を答弁し、次にバトンタッチすればよい。

それでも、答弁調整の関連所管が多いような場合には、議場内で関係セクションとすばやく協議し、それぞれの役割分担を明確にした上で、答弁することになる。答弁調整に時間がかかるようであれば、副市長や企画政策担当部長、総務部長が、答弁する所管を指名し、他の所管はそれを順次フォローするように指示することも必要になる。

いずれにしても、**「自分は答弁したくない」というスタンスではなく、「自分が答弁するのであれば、このような方向の答弁になる」という考えを持ち、短時間で調整する**ことが肝要である。

また、議場内での調整が上手く進まないときには副市長の出番になるが、その際には「ただ今のお尋ねは複数の所管に関わる内容であり、準備ができ次第それぞれの所管からお答えしますが、基本的な考え方としては○○と受け止めております」などと答弁し、その間に、関係所管で答弁調整をした上で、できたセクションから順次答弁することになる。

場合によっては、企画政策担当や総務担当の部長が総合調整という意味合いで、理事者に代わって露払いをすることも考えられる。

議場内の答弁調整で「お見合い」状況を避ける。

PART.3

78

答弁所管が曖昧で誰が答弁すべきかわからない

議員の1回の発言で複数の質問があるときには、それぞれの担当所管が答えることになるが、質問順にこだわらず、答弁の準備ができた所管課から順次答弁すればよい。

議員の質問の組み立てを考慮して、丁寧に最初の質問から順番に答える必要はない。つまり、**議員が先に質問した内容の答弁に時間がかかるようであれば、その答弁を待たずに2つ目、3つ目の質問内容に先に答えても何ら問題はない。**

また、1つの質問で複数の所管課にまたがる内容もあるが、その場合も、準備ができたところから順次答えればよい。

難しいのは、どちらの所管で答えるべきなのか、曖昧なときである。例えば、学校の統廃合問題などの質問で、公共施設のあり方について答えるのか、教育環境の整備について答えるのか、質問内容が判然としない場合などである。基本的には、公共施設のあり方を答えることになると思われるが、質問議員から事前に教育所管に聞き取りがあったような場合は、議員としては教育環境の問題として取り上げたいと考えているので、教育所管が答弁することになる。

そのようなときには、議場内で所管部課長同士がアイコンタクトし、どちらが答えるべきなのか瞬時に決めなければならない。公共施設のあり方に関する所管が関連する範囲で答弁し、その後に教育所管が答弁するなどの連係プレーができるとなおよい。とにかく、**議会答弁での「お見合い」や「空白の時間」は避けなければならない。**

関係する所管課長が議場内にいないときは、その旨を議会事務局長（→議長）に説明し、呼び出してもらわなければならない。その場合も、前述の例で言えば、公共施設のあり方について先に答弁しておけばよい。

どちらが答弁したらよいかわからないとき、どちらで答弁するか即決できずに時間がかかるとき、また、議長から「答えられる範囲でよい」と答弁を指示されたときには、自分の所管する範囲の内容を答弁すればよい。議長も「担当課長がいないので、わかる範囲で答弁させます」と言ってくれるだろう。議長のフォローがない場合には、自ら「議員の質問趣旨からは直接の担当ではありませんが、関連している範囲で説明します」と断った上で答弁すればよい。

議場内のアイコンタクトで連係プレーを意識する。

PART.3

79

反問権を行使する際の留意点を知りたい

反問権とは、議員の質問に対して単に答弁するだけではなく、問い返すことである。地方自治制度上、答弁者は議員の質問に答えるだけで、反問は想定されていないが、近年は議会基本条例などを制定する中で、執行部側にその権利を明確にする議会も増えている。

制度上の整備は置いておき、議員の質問内容がわからないときには、「おおよそこんな感じの質問内容だろう」と推測して答弁することになってしまうが、議員の質問趣旨を明確にした上で答弁したほうが質疑がかみ合い、議会審議も活性化する。さらに、質問趣旨や内容、根拠などを確認することにより、議員の思いつき質問や調査不足の質問も減るだろう。

議会での質疑内容を建設的なものにするためにも、傍聴者に理解してもらうためにも議員の質問趣旨を確認することが望まれる。その際には、「議員の質問趣旨は○○と考え答弁しますが、もし、私の理解が違っているようであれば再質問していただければと存じます」と断った上で答弁するか、もっとストレートに「議員の質問趣旨が十分に理解できない面もあるので説明していただけないでしょうか？」と確認することは許される範囲だろう。

それよりも踏み込んで、**質問者が執行部の考えを否定するときなどは、その代替案を考えているのか問うことなど、質問への反論をすることも考えられる。しかしそれは、課長ではなく部長の立場で行うべき内容**だと考える。そのほうが、議員にも課長から馬鹿にされたといった受け止め方をされずに済むと思う。

私の経験では、それなりの経費を要する新規事業の実施を求められたときに、「お言葉ですが、その事業を実施するにあたってはそれなりの財源を必要とします。財源不足の中で、どのように財源を確保するお考えなのかお聞かせください」と代替案を確認したことがある。

また、「清掃工場でのプラスチックゴミの焼却を止めるべきだ」という質問をされたときに、「議員発言のように、プラスチックゴミすべてを焼却処分しないということにしますと、汚れたプラスチック類はリサイクルにも回せません。ゴミの最終処分場も逼迫している中で、市としてどのように責任を持って対応するお考えなのか、お聞かせいただければ幸いです」とやり合ったこともある。そのときは、議長も私の発言をストップさせなかったので、議長も了解してもらっていると考えた。

反問しないまでも、発言趣旨の確認は許容範囲。

PART.3

80

委員会審議における注意点を知りたい

議案の審議は、本会議で即決されることもあるが、通常は、各常任委員会に付託・審議される。その常任委員会に理事者が出席することは少なく、部課長が中心に対応することになる。

常任委員会での審議が始まる際は、議案の提案理由を再度述べることになる。基本は理事者が本会議で読み上げた提案理由を部長が繰り返すことになるが、まったく同じことを繰り返すのではなく、補足説明も加えて提案理由を述べるようにしたい。例えば、「ただ今議題となっています第○号議案について説明させていただきます。提案理由は本会議においてすでに申し上げたとおり……ですが、補足して説明させていただきます」と発言して、補足説明を加えればよい。

委員会審議の場合も本会議と同様に、挙手をして委員長の指名を受けてから発言するが、立って発言するのか、座ったまま発言してよいのかはそれぞれの自治体のやり方による。

委員会審議には理事者は出席しないので、**どのような質問に対しても、理事者の考え方を代**

弁していることを念頭に置き、議員の質問に適切に答え、委員会での可決を目指さなければならない。部長は議案内容の考え方や方針など基本的な事項を、課長はその事務的な手続きや実際の事業内容などを具体的に説明しなければならないので、十分な準備が必要になる。なお、細かなデータを要求されることがあるので、係長も同席させておくべきである。自治体によっては職員席の後ろが傍聴者席になっている場合もある。請願・陳情などでは傍聴者のプレシャーがヒシヒシと感じられるが、落ち着いて答弁したい。

委員会で提出議案が可決された後、本会議にその議案の審議状況が委員長報告され、本会議での可否を図られることになるので、委員会で可決されたからと言って安心はできない。なぜなら、委員会の構成と本会議の構成には違いがあり、必ずしも同じ結果になるとは限らないからだ。私も、委員会ではすんなり可決された議案が、本会議ではぎりぎり過半数で可決され、薄氷を踏む思いをしたことがある。

委員会終了後も、会派代表者への採決確認や、委員会に所属しない会派がある場合には、代表だけではなく、**会派のそれぞれの議員に委員会での審議状況を説明し、賛同してもらえるように事前調整をしておく**必要がある。

委員会で可決されても気を抜かずに根回しが必要。

PART.3

81

議員の意見や付帯決議の取扱いを知りたい

本会議や委員会での議案審議の過程では、議員からさまざまな意見が出され、場合によっては審議・討論が行われた結果、議会として付帯決議がつけられることもある。

付帯決議自体は、議決に際して付け加えられる議会としての要望事項であり、法律的な効果はなく、執行部側がそれに拘束されるものではないが、まったく無視することもできない。審議の結果つけられた付帯決議は、尊重しなければならない事項と受け止めるべきである。

付帯決議がついたからといって、提出した条例案などの議案内容をすぐに変えなければならないものではない。 しかし、議会の意見を尊重するため、運用に際しての配慮が可能かを検討し、その結果次第では、各会派に説明することや、次回開催議会前の議案説明の際に**付帯決議の取扱い方法について行政報告することが必要になるケースも考えられる。**

また、議員個人からの意見は、議会としてとりまとめたものではなく、付帯決議のように対応する必要はない。しかし、その意見をどのように取り扱ったのかを整理しておかないと、後日、追跡質問をされたときに慌てることになるので注意が必要になる。

一方、この意見も使い方によっては有効な場面がある。私の経験では、予算審議の中で賛成と反対がほぼ拮抗し、なんとか過半数の賛成票を獲得し予算を成立しなければならない場面に直面したときがあった。中間的な会派に賛成にまわってもらうために、その会派が問題として捉えている事業について、予算審議後の意見討論の際に、問題点や見直し点・執行に際しての要求などを厳しく指摘してもらって、反対に近い意見を表明した上で、「会派としては否決を考えていたものの、最終的に予算不成立では市民生活に影響があると判断し、やむなく賛成した」という趣旨の賛成討論をしたもらったことがある。予算に反対する会派からは「その内容だったら反対すべきじゃないのか！」などとヤジられていたが、予算を無事成立させることができた。

議会の構成によっては、このようなぎりぎりのテクニックを活用することも頭の片隅に置いておくとよい。

付帯決議はそれなりに尊重することが必要になる。

PART.

4

議員への日常対応で困ったとき

議員対応編

PART.4

82

議員から便宜を図るよう要求された

議員は、ときにさまざまな支援者から持ち込まれた要望の実現を執行部側に求めてくる。要望内容は、道路や公園の管理といった日常生活に関わる身近なものから、新たな施策の展開や施設整備といった予算を伴う大きな事業に関わるものまでいろいろある。

施設整備事業などは、総合計画・基本計画に基づきそれぞれの施設整備計画の中で、議会での審議や市民要望などを踏まえて展開するものであり、個別議員からの要求によって計画するものではない。

苦慮するのは、こうした大きな事業ではなく、例えば、道路の補修や公園遊具の整備、公民館などの施設利用に関する便宜など、日常的に持ち込まれる身近な内容の要望である。一般論としては、議員の要望を受け止めて誠意ある対応をすることが必要だが、その**「誠意ある対応」とは、決して議員の要望を聞き入れるだけのことではない。**

道路や公園遊具の整備・補修は計画的に行っているから、その計画順序を議員要望に応じて変更していては、計画的な整備・補修ができなくなる。ここで求められる「誠意ある対応」とは、**要望があった現地を確認し、順番を繰り上げて行う必要があるかどうかを課長の立場で見極める**ことである。その結果、必要があれば繰り上げて対応し、必要がなければ、その理由を議員に説明し、理解してもらう。同様に、公民館などの施設利用についても特定の団体に優先的に利用させることはできないため、施設利用のルールを丁寧に説明することが必要である。

近年は、特に「保育園への入所を優先してもらいたい」などといった要望も増えていると思うが、入所措置にあたっては、希望者の実情を点数化した上で優先度を明確にして決定しているのだから、特定の保護者を優先することはできない。このようなケースでも同様に丁寧な説明をして理解してもらうことが、「誠意ある対応」ということである。なお、説明の際には、要望者個人の状況も加味し、「もう少し働く時間が長ければ優先度は高くなるかもしれない」程度の話にとどめるべきである。

このような要望は、議員もできないことを承知した上で執行部に言ってきているケースも多いと思う。自分がじかに支援者に断れないため、「担当課長に伝えたけどダメだった」と言う口実を探っている面もあるから、心配はいらない。

議員のさまざまな要望には誠意を持って対応する。

PART.4

83

議員から業者を紹介された

職員は、どの職場に配属されても関連業者とのつきあい方は慎重になってもらいたい。たとえ、学生時代の友人であっても、関連する企業に勤めている場合には一対一で会わないようにするなど、**一定の距離感を持っていないと、第三者から見たときに誤解される危険性があるから**だ。このことは「職員服務規程」などで「職員は、いかなる理由においても、自らの職務に利害関係があるもの又は自らの地位等の客観的な事情から事実上影響力を及ぼし得ると考えられる他の職員の職務に利害関係のあるものから、私的に金品を受領し、又は利益若しくは便宜の供与を受ける行為その他職務遂行の公正さに対する市民の信頼を損なうおそれのある行為をしてはならない」などと明示されていると思う。

また、議員から「〇〇の業者が会いたいと言っているので、挨拶だけでもいいから会ってもらえないか?」などと言われることもある。そのときは、その場で拒否することも難しいと思うので、「挨拶だけであれば構いません」と念を押して、職場内で会うようにすれば議員の顔を潰さずに済むと思う。しかし、**契約を睨んだ業者紹介であることが予測されるときは、ハッキリと断るべき**だ。また、職場外で会うことは、挨拶だけといっても、第三者から特別な関係にあるように見られるので避けるべきである。

私は、ある委託事業を予定していたときに、議員から「今年度の委託事業に関連して、実績のある業者を知っているので紹介したい」と話を持ち込まれた経験がある。対応に悩んだが、議員の顔を潰すわけにもいかないだろうと、「事業の参考になることでしたらお話を伺うことは構いませんが」と言って職場で会うことにした。話は、「新規の委託事業について他業者に負けない実績とノウハウもあり、入札に参加したいが、指名登録をしていないのでなんとかできないか」という内容だったので、その点はきっぱりと断った。その上で、議員には、業者と会ったが挨拶だけの内容ではなかったので断った旨を直接説明し、事なきを得たことがある。

自治体によっては「議会政治倫理条例」や「契約業務に関わる不正な働きかけの対応」について要綱などを整備していると思うので、これを楯にして「条例や要綱に抵触する問題ですから」と、議員に釘を刺さなければならない。曖昧な態度はとらず、毅然とした対応をすることによって、議員からの怪しげなアプローチを減らすことができる。

議員からの怪しげな業者紹介は毅然として対応する。

PART.4

84

議員から未発表の資料を要求された

市が保有する情報は、基本的に市民のものであるから、公表を前提に考えなければならない。しかし、公表するタイミングを図り、混乱が起きないように配慮することも職員の役割である。

議員と所管する業務の話をしている過程では、詳しく経過を説明することもあり、その際に、「今度の一般質問を考える参考にしたいので、そのような資料があるなら見せてほしい」と言われる場合もある。このような場合には、**①議員の立ち位置と、②その資料を見せることによって、質疑にどのような影響があるのかを判断しなければならない。**その上で、資料提供するメリットが少なければ、「今お話しした内容は、資料といっても個人的なメモ書き程度のものですから」と説明し断ればよい。さらにしつこく提示を求められたとしても、「個人的なメモではなく、公式な資料としてまとめ直すので時間をください。完成したら連絡しますので、できれば一般質問時に資料要求してください」とその場で渡すことは避ける。

また、議員と話をしている過程で要求されるのではなく、いきなり議員から未公表の資料を求められたときには、**まず、その資料の存在をどこで知ったのかを確認しよう。**なぜなら、未公表の資料が議員に伝わっているとすれば、職員の情報管理能力にも問題があるかもしれないと考える必要があるからだ。

そうではなく、すでに公表済みの資料に関連して、過去にさかのぼって未公開資料の提示などを求められたときには、「今まで議会には出ていない資料なので取扱いには注意してもらいたい」などと念を押した上で渡さなければならない。その場合、資料を渡すことについては、上司にも確認したほうがよいだろう。

ときには、他自治体のデータを要求される場合もある。その場合は直接渡すのではなく、他の自治体に連絡してもらうことが好ましい。議員同士の知り合い関係で、他自治体の情報を入手する経路はいろいろあるようだ。しつこく求められたとしても、「他自治体の情報であり、了解を得てからでなければ渡せません」と断る。

また、議員個人に渡した資料は、議員間で流れてしまうことを前提に取り扱うのが無難である。

議員個人に資料を渡すときは慎重な対応が必要。

PART.4

85

議員から飲み会に誘われた

議員と接触する機会が増えると、庁内だけではなく地域のイベントなど、さまざまな場面で話をすることになり、中には仕事以外の話も気軽にできるような間柄になる議員も出てくる。

特に、議員と一対一ではなく地域住民を交えた話をすると、その議員のよって立つ背景が見えてくるし、議員の地域との関係も把握できるので、必要なことでもある。また、住民を交えた話の中で地域の要望を察知できれば、今後の議会対策でのヒントになることがあるので、そのようなチャンスは活かすべきと考える。そうした対応で職場内で仕事に関する堅い話をするだけではわからない、**議員の人柄も理解できるので、地域のお祭りなどのイベントには積極的に顔を出し、交流をしてもらいたい。**

私も、業務に関連する範囲が中心だったが、市民団体が主催するイベントなどにはできるだけ都合をつけて顔を出した。議員と顔を合わせる機会も多く、「○○議員は、このような内容にも興味を持っているんだ」とわかり、また、その会場で肩の凝らない会話ができて、従来持っていた印象とは違う議員の一面を見ることができた。その結果、議員と仕事以外の話もできるようになり、事前取材もスムーズになった。

こうしたことを繰り返しているうちに、「今度一杯やりませんか?」などと誘われることもあると思うが、食事や酒の席を共にすることは、基本的に断ることが望ましい。**議員と飲むこと自体が法令や各自治体の職務規程などで示されている公務員倫理に抵触するとは考えないが、職員の行為を広義・自律的に捉え、「市民の信頼を損なう可能性があるのか否か」という点で判断すべき**である。

関係の良好な議員で断り切れないときもあると思うが、その場合もまず一度は断る。断り切れないときでも一対一で同席することは避け、他の職員も誘い、議員にも誰かを誘ってもらい、複数で会うようにすることが望ましい。その場合も市内は避け、市外の会場を見つけるべきである。また、会計は必ず割り勘で行い、各自で領収書を保管しておくことが望ましい。

その席上のことを、「先日○○課長と飲んだけど、楽しかった」などと、秘密ではないにしても、口外されてしまうこともある。議員には悪気がないとしても、そのときのことを他人に話すような議員であれば、以降のつきあい方は変えなければならない。

議員からの食事や飲み会の誘いは基本的に断る。

PART.4

86

議員からの政党機関誌の購読斡旋を断りたい

自治体の庁舎内では、「庁舎管理規則」などにより、物品の販売や勧誘、それらに類する行為は原則禁止されているか、あらかじめ首長の許可を得ることが求められる場合が多い。職員の福利厚生といった観点から、一部認めているケースもあるが、これは例外と考えてよいだろう。しかし、実際には、議員から所属政党の機関誌購読を勧誘されるケースは意外と多いと思われる。

もちろん、その機関誌に興味を持っていれば購読すること自体は問題なく、職場ではなく自宅に配達してもらい、購読すればよい。困るのは、管理職に昇格したタイミングで勧誘されることだ。その政党や機関誌に関心がなくても、周りの管理職が購読していると、なかなか断りづらいものである。

私も、管理職になった当時に勧誘されたが、先輩管理職が購読していたこともあり、また、その政党所属議員と良好な関係をつくるためにも必要と考え、断り切れずになんとなく購読を続けていたことがあった。

しかし、机の上に特定政党の機関誌が置いてあったために、他の政党に所属する議員からも「○○を購読しているのなら、わが党の□□も購読してくれ」と勧誘されてしまった。断ることができず、複数の政党機関誌を購読したことがあるが、金銭的に負担がかかるだけでなく、書かれてある記事についてそれほど業務の参考になったとは思えない点もあった。

なかなか断るきっかけがなく困っていたが、**同じような悩みを抱えていた管理職数名で、すべての政党機関誌の購読を一斉に断った**ことがある。「横断歩道、みんなで渡れば怖くない」的な発想であったが、1人ではないことに勇気づけられたのだろう。

その後も、断ったからといって、特定の議員からの質問が厳しくなったという記憶もなく、それらの議員との関係も変わらなかったことから、お付き合い程度の気持ちであれば、勇気を出して勧誘を断っても何ら問題はないと思う。

むしろ、庁舎管理規則上は、特定政党の機関誌が管理職の机の上に置かれているよりもよいはずだ。

特定政党の機関誌に興味がなければ堂々と断る。

PART.4

87

重要案件を議会に報告する際の留意点を知りたい

行政計画がまとまったときや重要な案件について公表する際には、事前に議会にも話を通しておくことが必要になる。

議決が不要な行政計画や重要施策であっても、執行にあたっては議会の理解と協力が必要だからである。また、議員から、「我々が知る前に市民に公表するとは、議会軽視も甚だしい」と文句を言われてしまうことも避けなければならない。

その場合は、議会事務局と調整し、最初に正副議長に報告し、順次、**①与党的な立場の会派→②中間的立場の会派→③野党的な立場の会派→無所属の議員に対して報告を行う。**

このときに、最大会派が与党的な立場の会派ではない場合は、対応に悩むが、私は、あくまでも与党的立場の会派を優先し、最大会派には、同日で時間差をつけて説明をするなど、一定の配慮をしてきた。同じ日の説明であれば、「皆さんの出席が可能な時間帯を選んだので、後になって申し訳ありません」と言えば、相手も与党的立場の会派を優先せざるを得ないことを

与党的立場の会派から、同じ資料を使い順次報告を行う。

理解しているので、苦笑いで収まっていた。時間に余裕があれば、事情を説明して全議員を対象に合同説明会を開催することも考えられる。

説明時に注意しなければならないことは、**どの会派、どの議員にも同じ資料を配付する**ことだ。最初に説明した会派から質問が出たとしても、資料を変えるのであれば、既に配付した資料を回収し差し替えなければならない。私の経験では、無所属の議員に「わかりやすくしなければならない」と気を回して、渡す資料に手書きのメモを付け加えたことがある。自分では気配りのつもりだったが、後に「なぜ、無所属の○○議員に渡した資料は、我々最大会派に配ったものと違うのだ」とやり込められたことがあった。こうした経験からも、資料は同じものとし、**補足説明が必要なときはメモをするのではなく口頭で伝えるほうが無難**である。

特定の地域に関わる事柄や、特定の議員の質問に関連する報告事項であれば、このような仰々しいことは考える必要はない。ただし、正副議長の耳にだけは入れられるよう、議会事務局に頼んでおこう。

PART.4

88

会派間の対立に巻き込まれてしまった

議会では、さまざまな主導権争いが行われている。議員の多くは、行政を市民にとって身近なものにして、行政サービスを充実させると同時に、行政のあり方をチェックするという純粋な目的を持っている。しかし、中には議会内で権力を持とうとする議員もいないわけではない。例えば、最大会派をつくることで議長職を手中にするなど、数の力で予算や執行部への影響度を強め、支援者を確保するという思いが見え隠れする議員などだ。

このような中で、行政サービスの新たな展開にあたって、「○○事業は、わが会派が市長に実行を迫った結果である」などとアピールすることもある。その際、いくつもの会派で手柄争いを繰り広げることもあると聞いている。

管理職の立場としては、**そのような宣伝合戦とは一線を画し、傍観しておく**に限る。仮に、会派からの予算要望などで、それらの事業に関わるものが議員の配布するチラシなどで出されている事実があれば、市民から「○○会派が影響力を持ってるのか？」などといった問い合わせがあった段階で、事実をありのままに話せばよい。

また、議長選挙などを巡って繰り広げられる会派の主導権争いには、一切関わりを持たない姿勢でなければならない。そもそも職員とは関係のないところで行われていることであり、市民と話すときであっても、与党的な立場だからと言って、特定の会派に対して「○○会派の皆さんには、お世話になっています」などという**リップサービスは不要**である。「○○部長（課長）もこう言っていた」などと巷に流れるなどとんでもないことである。

議員同士のもめ事にも関わりを持つことは避けなければならない。場合によっては、地域住民を巻き込んだ賛成・反対運動に発展することも考えられる。

私の経験では、道路拡幅事業の際に、地域で賛成・反対の意見が出て、双方に議員が関与したために、議員同士のもめ事に発展して苦労したことがある。そのときには、賛成派の議員への支持ではなく、その事業自体の必要性に理解を求めることに腐心したが、やはり、賛成派議員との距離感が近くなってしまった。反対派議員との条件闘争でも最終的には折り合いがつかず、その道路拡幅計画が棚上げになってしまい、さらに、その後も両議員の関係が改善しなかったという苦い経験である。

議員同士の権力闘争などにはノータッチ。

PART.4

89

議員から地元説明会の開催を要求された

市が行う施設整備事業には、地元住民の合意形成が欠かせない。

道路や公園の整備が市民要望だったとしても、実施段階で地元説明会などを行って地域住民の合意を得ておかないと、後々に問題が生ずることもある。例えば、公園整備の場合、公園自体は子どもたちから高齢者に至るまでさまざまな住民が利活用できるし、災害時の避難場所としても必要である。しかし、その公園に隣接する住民にとっては、静かな環境が損なわれることも理解しなければならない。近年、保育園が必要にもかかわらず、騒音等の懸念から反対運動が起こり、整備を断念せざるを得ない事例などが頻出しており、地域住民の合意は非常に重要となっている。それが嫌悪施設と住民が受け止めやすい施設の整備ではなおさらである。

執行部があらかじめ説明会を行う場合以外にも、議会審議の中で議員から住民説明会を要請されて行う場合もある。事業実施時の地域における混乱を避けるために、親心で説明会の必要性をアドバイスしてくれていると受け止めればありがたい話である。また、執行部として、十分な地元調整を図ったつもりでも、反対住民が議員を通じて地元説明会の開催を要求する場合もある。

議員要望を受け入れ、説明会を実施する際には、要望した議員にも確認し、説明対象地域や対象者を明確にして説明会を開催することになるが、誠心誠意を尽くして地元住民の合意を得るべく努力しなければならない。そのような場合も、説明会はあくまでも執行部として開催するものであるから、**開催通知に「議員から要請があった」などの文言は不要**である。

また、間に入っている議員が、普段は非協力的な立場であっても当該事案については協力してもらえるのかを模索する必要がある。議員が誰であろうと、先入観を持たず、その事業の必要性を丁寧に説明し、お互いに解決策を探し、なんとか納得してもらうようにすることが職員の責務である。

議員から要望された説明会を行う際に注意したいことは、**議員の発言を極力減らし、住民の生の声を聴く**ことである。説明会の開催前に、1人でも多くの住民の声を聴きたいので、議員の発言は控えてもらうようにお願いし、冒頭に議員から挨拶をしてもらった後は、「これからは、皆さんの声を聴かせていただきますので、どうぞよろしくお願いします」と一言触れてから説明に入ればよい。

☑ 議員の発言は控えてもらい、真摯に住民の声と向き合う。

PART.4

90

地元説明会に反対派の議員が来て煽り演説を始めた

公共事業を実施するときには、住民説明をしなければならない。内容によっては広報紙での周知で済ますことも可能だが、市民生活に影響があることについては、特にきめ細かな説明会の開催が必要になる。

私が環境部だったときに、ゴミ収集に使っていたダストボックスを廃止し、袋収集に切り替えたことがある。そのときは、環境部だけではなく全庁を挙げて、自治会単位での説明会を繰り返し行った。また、環境部は離れていたが、ゴミ収集を有料化するときにも全庁を挙げて、500回以上の説明会を行った。住民の納得を得るためには、全庁職員の協力が必要になる。

それらの説明会には議員が来ることも考えられる。その場合には、説明会は市が主催するものであり、議員が主催するわけではないので、基本的に議員の発言は控えてもらうことを説明会前に伝えておき、納得してもらうことが望ましい。議員の顔を立てる必要があっても、発言を求めるのではなく、説明会開始時に議員紹介をすればよい。

厄介なのは、説明会に反対派の議員が来たときである。入場を断るわけにもいかないが、発言は抑えてもらうように、釘を刺しておくことが望ましい。あらかじめ反対派議員の出席が見込まれる場合には、できれば賛成派の議員にも出席を要請しておき、反対派議員が市民からの反対を煽るような発言を繰り返す場合には、**賛成派議員から「議員同士、この場での発言はお互いに控えて、住民の声に耳を傾けましょう」などと抑えてもらう**ことも必要になる。

しかし、反対派議員が突然参加してしまう場合や賛成派議員の参加調整ができない場合も考えられる。そのようなケースでは、反対派議員の煽り発言で説明会の収拾がつかなくなる恐れもあり、また、説明の途中で議員が反対の発言すると、賛成か反対かを決めかねている市民が発言しにくくなり、反対に回ってしまう危険性もある。その場合は「○○議員のお話はすでに議会内でも伺っており、お考えは承知しております。さらにということであれば、後ほど別な機会に伺わせてもらいますので、今日は地域住民の皆さんからのお話を伺いたいと思います」などと説明し、議員に発言を控えてもらえるようにしたい。

それでも繰り返す場合には、「議員のお考えは市民の皆さんも理解されたと思います。それ以上は、ご自身の報告会などでお願いします」などと思い切って発言することも必要になる。

反対派議員が発言したときは、賛成派議員に応援を求める。

PART.4

91

迷惑施設の設置に反対する議員が住民を煽っている

公共事業に対して、議会審議で反対するだけではなく、市民の不安を煽り立て、反対運動を展開し、自分の存在感を示そうとする市民活動派の議員もいる。執行部としては迷惑な話であるが、特に迷惑施設建設などの場合には市民の理解を得るために誠意ある説明に努め、その不安を解消した上で事業を実施しなければならない。

私の経験では、42でも述べた、リサイクル施設にプラスチックリサイクルのための圧縮梱包装置を整備するときに悩まされたことがある。そのときは市民だけではなく、近隣他市の市民まで巻き込んで反対運動を起こされた。同様の施設が近隣市で住民の反対にあって整備できなかったこともあり、市としては整備に向けてさまざまな取組みを行った。

市長も出席する説明会を延べ20時間近く行うなどの誠意を見せたことで、沈静化に向かっていたものの、一部の反対派は強硬であった。そこで、反対派が中心的な根拠としていた、プラスチック圧縮による健康被害問題をテーマにしたシンポジウムを開催し、市が要請した学者と反対派が推薦した学者に参加してもらい、科学的知見に基づいた議論をしてもらった。結果として過激な反対運動は影を潜め、最終的には圧縮梱包装置の整備ができた。

このように、市民の不安を解消し、納得してもらうには時間と労力が必要なことを理解し、事業を進めてもらいたい。この経験から学んだことは、他自治体との境で施設整備をする場合には、**他市の住民・議員が反対運動を起こすことも想定する必要がある**ということだ。事前に近隣自治体への説明・協力要請を行うなど、少なくとも自治体間の紛争の種にならないような配慮が求められる。

議員が反対運動のお先棒を担いでいるような事例もあるが、執行部が冷静に、真心で対応すれば良識ある市民は理解してくれるはずである。私の経験でも、一時は反対していたものの、時間を経て市の考えに理解を示してくれた市民に、「あのときは無理難題を並べ立てて反対し、いろいろと申し訳なかった」と言っていただき、さらにその後、行政のよき理解者になっていただいたことがある。また、地元の納得を得るために、議員に協力してもらわなければならないケースもある。議員はそれぞれの地域のキーマンとの関係も深いことから、議員からキーマンへ、そして地域住民に納得してもらえるルートも大切にしたい。

☑ 冷静かつ真心のこもった対応で難局を乗り越えよう。

PART.4

92

議員報告会のチラシに間違った内容が書かれていた

議員は自らの議会活動の状況を有権者に知らせるために、「○○だより」などのチラシを配布する。このチラシも議員の考え方などを知る上で有効な情報源であるので、できるだけ入手に努めてもらいたい。

ときには、そのチラシに間違った情報が書かれてしまうこともある。チラシを直接入手していれば確認できるが、市民からの問い合わせなどによって発覚することもある。その場合は、チラシを発行している議員に正しい内容を伝え、訂正を求めることになる。最近は「議会基本条例」の制定など議会改革も進んでおり、議会として議会報告会を開催するなどの取組みが進められていることから、このような間違いも少ないと思うが、皆無とは言い切れない。

間違った内容が些細なものであれば、次回のチラシ発行時に修正してもらえばよい。その上で、間違ったチラシを読んだ市民から議員に連絡があった場合には、正確に伝え直してもらい、執行部に直接連絡があった場合には、議員に代わって正確な内容を伝えなければならない。

困るのは、間違いの内容が重要な案件に関するものであり、かつ、緊急に対応しなければならないようなケースである。次回のチラシ発行時の訂正では時機を逸するような場合は、迅速な対応が必要となる。議員には**間違いの箇所と正確な内容、訂正しない場合の問題点、業務への影響**などをしっかりと説明し、早急な対応を求めなければならない。チラシを再発行するには経費も必要となることから、すぐには応じられないと言われることもあるが、**あくまでも、議員に対応してもらわなければならない。**執行部として手伝える範囲は、正誤を明確にした記事の例を示す程度だろう。

もちろん、市民から直接連絡が入った場合には、事実を確認した上で、丁寧な説明をしなければならない。

「その内容については他の方からも連絡をいただいており、○○議員には正確な内容をお知らせいただくようにお願いしています。正確な内容は□□です。ご迷惑をおかけしております」などと、議員に代わってお詫びするくらいの気持ちで対応しよう。

☑ チラシの間違いは議員自身の責任で訂正してもらう。

PART.4

93

議員後援会からの要望にどう対応すればよいかわからない

執行部にはさまざまな形で要望が持ち込まれるが、議員の後援会（長）から要望を持ち込まれることもある。したがって、議員の基礎的なデータとして、後援会長は誰で、どんな人なのかといったことについても把握しておくことが望ましい。

そうすれば、「役所に要望に行ったが、私が○○議員の後援会長であることも知らなかった」あるいは、「私の後援会長が行ったにもかかわらず、素っ気ない態度だった」などと、つまらないクレームもつけられないで済む。

要望内容が、街路灯の故障など、すぐに対応しなければならないことである場合を除いては、基本的には**その場で回答をすることは避け、返事を保留する**ことが望ましい。後援会長から要望があった旨を議員に連絡することで、議員の顔を潰さないことにもなる。

議員も後援会長が市に要望した内容を把握できるし、後援会長と市の間だけで完結してしまうと、「蚊帳の外に置かれてしまった」という印象を与えてしまうので、必要なことである。

要望内容がすぐに対応しなければならないものであるときには、部下に指示するとともに、議員にその内容を連絡する。また、対応に時間がかかる場合は、対応に必要な概ねの期間、時間がかかる理由などを後援会長と議員に連絡する。要望を断らなければならないときは、まず議員に、できない理由などについて説明した上で、後援会長に連絡する。

後援会長から事業の説明会などを依頼されることもあり、そのときには、主催者を確認することが必要になる。特定議員・後援会の主催する説明会に職員として出席することは避けないと、市民から見たときに、「あの課長は、特定の議員と関係が深い」などとつまらない風評を流される恐れもあるからだ。

こうした場合には、特定議員・後援会の主催ではなく、地域住民主催の説明会として調整すべきであり、そうすれば参加しても差し支えないと考える。私も、管理職になりたての頃に、地域から「説明会に出てもらいたい」と依頼があり、軽い気持ちで出たら、特定の「議員を励ます会」だったことがあり、後で部長から大目玉をくらった。皆さんは、くれぐれも注意してもらいたい。

即答は避け、議員にも連絡を入れておく。

PART.4

94

議員から自宅へのポスター掲示を求められた

地方公務員法では、地方公務員の政治的行為の制限を定めているが、罰則規定はない。逆に、その範囲外では政治的行為も認められるということでもある。ここでは、政治的行為についての中身に触れるものではないが、地方公務員イコール一切の政治活動が禁止されているわけではないと考えて、ありがちな問題の対応策を示しておきたい。

市内に住んでいる職員のところには、議員からポスター類を掲示してもらえないかという要望が来る。これは政治活動ということではないので、それぞれ個人の考えで対応すべきことだが、基本的には**特定の議員が関連するようなポスター掲示は避けるべき**と考える。

なぜなら、ポスターを掲示していると、その議員と近い関係にあると見られかねない。また、他の議員から同様の依頼があったときに断れなくなり、家の周りがポスターだらけになってしまうからである。私の知り合いにも、さまざまなポスター掲示を頼まれたが、市議関係のポスターはすべて断った猛者がいる。しかし、「国会議員や都議会議員のポスターだけは断り切れなかった」という話をしているのを聞いたことがある。

ポスター掲示は、**特定の政党や団体を支援しているように見られてしまう**こともあるので、できるだけ断ったほうが無難である。

市外に住んでいても、住所地の議員から勤務する自治体の議員を通じて同様の依頼をされることがある。これも個人の考え方で対応すればよいことだが、私は、どのような依頼も断ってきた。市内・市外に関係なく、特定の政党・団体、議員と近い関係にあると見られることが嫌だったからである。

それらの依頼の断り方は、「議員からの要望であっても、個人としては近所の人たちに特別な関係にあるように見られたくないので、お断りします」「議員とは議会を通じていろいろとよい関係をつくらせていただき、ありがたいと思いますが、自宅にポスター類を掲示することはお断りします」などと言えば、あまり、無理強いはされなかった。

態度を曖昧にするのは感心できない。断るときはハッキリとその理由を言えば、そのような依頼はされなくなる。それで、議員との関係が悪くなるようであれば、議員の度量も大したことはないと考えればよい。

曖昧な態度ではなく、ハッキリと断れば問題ない。

PART.4

95

国会議員・都道府県議員から呼ばれた

自治体の管理職になると、地元選出の国会議員や都道府県議員から呼ばれることもある。面識はなくても知らん顔はできないので、呼び出しには応じなければならないが、そのときは上司に報告した上で訪問する。

話の内容にもよるが、市の施策に関連することであれば、国会議員が相手だからといってもうかつな返事はできない。関係者が同席していればなおさらである。

「お話を伺いましたので、理事者とも相談した上で、改めてご返答させていただきます」などと言って、その場では答えを出すべきではない。そして、検討結果の如何にかかわらず必ず連絡をしなければならない。

また、国会議員が国会で取り上げようと考えていることについて、地元自治体の意見を聞きたいといったケースでも、**その場で考えを述べることは控え、後日改めて報告する**のが望ましい。逆に、国会議員に対して、国の方針を変えてもらうように要請することもある。私の経験では、統廃合後の学校施設について、用途を変更する際に必要だった国庫補助金の返還問題を国会で取り上げてもらったことがある。しかし、**一度借りをつくると、逆に頼まれたときに断れなくなる**ので、慎重に対応すべきだったと反省したことから、あまりお勧めはできない。理事者の立場では、そのような要請活動も政治的な意味合いも含め必要だが、管理職の立場では、国政に関係することでも、事務的な対応をしたほうが後々の苦労はないだろう。

都道府県議員と話をする中で、特定の問題について、「地元自治体からも要請をしてもらいたい」と言われることもある。このような内容も無視はできないので、上司に相談した上で対応することになるだろう。実際に都道府県に要請するときには、オフレコとして議員からの要請であることも伝えておけば、都道府県職員もその後の対応の作戦を練ることができる。このように、公務員同士の連携も重要である。逆に、都道府県職員から「議員からこのような話があった」と言われることもある。それは地元の問題であり、都道府県としては手を出せない内容であるケースが多い。そのようなときには、都道府県から連絡があったことを議員に伝えて、接触する。その上で、必要な対応を図り、都道府県議員にも報告することが必要になる。

なお、これらのケースでは議会の同じ会派の代表にも話を通しておく必要がある。

国会議員や都道府県議員には慎重に対応する。

PART.4

96

議員のタブレット利用に関する留意点を知りたい

最近は議員にタブレットなどの情報端末が貸与され、議会事務局と各議員との連絡だけではなく、議会審議に際しても使われることが多いと思うので、その際の注意点を考えてみる。

それらの情報端末は議員にのみ貸与され、職員が使うような仕組みにはなっていないと思われる。また、職員が議場内にノートパソコン等を持ち込み利用するケースは少ないと思うが、仮に、ノートパソコン等を持ち込んで答弁するようになった場合には、関連資料の整理がきわめて重要になる。私の拙い経験では、特定の資料を見つけるには情報端末よりも紙ベースのほうがクリアファイルや付箋紙を活用することで必要な資料を迅速かつ確実に見つけ出すことができた。現状では、紙ベース中心の想定質問作り、資料作りが幅を利かせているように思う。

しかし、今後は議場にノートパソコン等を持ち込んで答弁するようになると思われるので、皆さんは情報端末の利活用に備えた準備と、有効利用法についての模索をしてもらいたい。

情報端末の議会での使われ方は、現状、議員からの質問通告、執行部側からの冊子以外の資料や予算書・決算書などのやりとりが中心だと思われる。

また、議案説明などの際にも議員のタブレットにデータを送り込むことによって、説明資料を画面上に呼び出し、それを確認してもらいながらの説明が可能になると思う。その際には、パワーポイントなどを利用した視覚に訴える説明ができる一方で、議員は執行部とは違う見方をしているので**あまり押しつけになるような説明資料だとかえって反発が強くなる**ことが予測される。

資料要求への対応に関しては、一般質問などで特定の議員にだけ資料を渡せばよいということではなく、全議員が同じデータを共有することになるので、資料のミスは行政執行に際しての致命傷にもなりかねず、一層の注意が必要になる。また、議員の立場に合わせた提供内容のさじ加減の調整も難しくなるので注意が必要だ。

議員に貸与されているタブレットでは、執行部側が提出する資料などについては、閲覧しかできないようなシステムになっていると思われるが、**資料の提出に際しては作成日時などを明確にしておく**必要がある。

資料にミスがないかどうかの確認が、より一層重要になる。

PART.

5

係長が議会対応で困ったとき

係長編

PART.5

97

はじめて議会資料作りを上司から指示された

はじめての業務であれば、資料内容を確認することから始める。

「何に関する資料なのか？」「過去にさかのぼる必要があるのか？」「単純に数値だけでよいのか？」「それとも視覚的にわかりやすくするのか？」「他自治体の事例なども確認すべきか？」など、**どのような資料が求められているのかを確認することがスタート**である。

次のステップは、前年の資料を確認することだ。基本はその形式を踏襲する。おそらく、議員は前年度の資料も見ているので、形式を突然変えてしまうと、比較ができなくなり、せっかく資料をまとめたにもかかわらず、「比較できない」と文句を言われる恐れもある。

中身のデータについても、忙しいからといって、前年のデータを鵜呑みにしてそのままコピペするのではなく、改めて数値確認をする。そうすれば、仮に前年に提出した資料にミスがあったとしても、そのミスを繰り返すことを避けることができる。そのチェックの過程で、どのデータがどのファイルに保存されているかなど、自分の業務の参考になる情報がわかるはずである。

それが終わったら、単に数値を羅列したものをそのまま上司に渡すのではなく、**自分が管理職だったらどんな使い方をしたいか、また、部下にどんな資料を作ってほしいか**を考える。その上で、指示されたことに加えて、そのデータをグラフ化して視覚に訴えるなど、ポイントをつかみやすいように工夫してみよう。

そのような工夫をすることにより、自分自身も管理職としてのものの見方を身につけることができるし、従来の形式を参考にしつつ、自分なりの工夫をすることで、管理職も従来とは違う視点でのデータ分析が可能になるからだ。

また、指示された資料をすべて作り終わってから渡すのではなく、途中の段階で一度、上司に確認してもらい、書式や加える点などを確認した上で、引き続き、まとめの作業をする。上司も資料については常に意識しているので、最初に確認したときから指示が増えていることも考えられる。

余裕があれば、そのデータに関する他自治体や都道府県、国の動向などについてもメモしておくと、上司が求めた以上の議会資料が完成する。

前年の形式を踏襲しつつ、自分なりの工夫を加える。

PART.5

98

資料作りで何から手をつければよいかわからない

課長が忙しく、指示された資料の内容について詳しく聞けない場合もある。そのときは、前年度あるいは過去の類似資料の内容を確認することから始めなければならない。

議会提出資料や関連資料は課内でファイル化されていると思うので、そのファイルを確認することがスタートになる。その上で、過去のデータを再確認して作っていくわけだが、事業実績など**単に過去のデータを整理するだけではなく、特異点などを目立つようにまとめる**ことや、必要な経年変化を整理し、可能であればグラフ化することで、その資料から、事業の経年変化だけではなく、課題や問題点も見えてくる。

仮に、課で保存しているファイルに資料がなければ、前任者に確認し、それでもわからなければ議会関連の答弁書などの資料とりまとめ担当、あるいは予算・決算関係であれば予算担当セクションに確認することとなるが、ほとんどの場合はそこまでしなくても資料は見つかるはずである。

資料の所在がわかれば、次にどのようにしたら見やすくなるのかを自分なりに考え、前述の通りに資料を作成すればよい。

まったく新しい資料で、上司とも相談できないようなときには大変な作業になるが、その事業などに関わる議会会議録などから質疑の動向を確認し、どのようなデータが必要になるのかを自分なりに判断し、資料を作らなければならない。

やはり、課長の立場であれば、どのような資料を必要としているのかを慮って作成することが大切だ。そのときも、資料を作り終わってから上司に確認してもらうのではなく、まとめる過程の早い段階で、概ねの内容をメモし（数値データなどは入れなくてもよい）、項目だけでも明示して上司の確認を取っておきたい。上司も「適当に作っておいてくれ」などと部下に丸投げはしないはずである。

議会関連の資料は、自分が管理職になったつもりで、**「どのような使い方をするのか」「議員はどのような視点で質問してくるのか」**を考えて作るのがよい。

管理職になるための勉強と考えて頑張ってもらいたい。

自分が管理職になったつもりで整理してみよう。

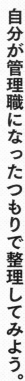

PART.5

99

答弁書の原案作りを指示された

課長職は、自分で答弁書原案を作るのではなく、部下を育てるつもりで係長・主査に答弁書作りをさせるように心がけてもらいたい。その分、空いた時間で課長としてではなく、今度は部長の立場になって議会準備をすることで部下の育成にも自分の成長にもつながる。

「係長・主査に答弁書づくりを指示しても、結局自分がやり直さなければならないし、時間の無駄だ」と考えるのは禁物だ。自分でやってしまい、部下を使わない管理職の下では職員は育たないので、何事にもチャレンジさせよう。

一般質問の答弁書作成担当課になり、課長から答弁書原案作りを指示されたときには、**最初に答弁趣旨（方向性）を確認しなければならない。**「積極的に実施する方向なのか」「まったく考えられない方向なのか」「議論の成り行きによっては、今後の検討課題となりそうな方向なのか」など、おおよその道筋がわかれば、結論を見失うことはない。

次に、過去の答弁内容を確認することが必要になる。過去にも同じような質問があり、そのときと同じような方向性であれば、その当時の答弁内容からあまり踏み出さずに原案を作ればよい。しかし、検討してきたような経過があれば、過去の答弁をそのまま繰り返すことはできないので、当時との違いを意識しながら、若干のアレンジは必要になる。

逆に、**過去の答弁で、積極的な姿勢を示していたにもかかわらず、取組みが進んでいないような答弁はさらに工夫する**ことが求められる。

例えば、「1年前の議会では積極的に進めると答弁されていたが、一向に実施されていない。その理由は何か？」といった再質問が必ずあるので、その後の取組み状況や、実施に向けて、どのような段階にあるのかなどについて、先手を打って説明することも必要になる。

また、「答弁書原案だから、直しがあって当然」と考えて作るのではなく、自分なりに完成度を高めてもらいたい。また、第一答弁は市長・教育長なので、言葉遣いなどに注意する。話し言葉などの癖についても、過去の答弁を確認すればある程度はわかるものである。市長・教育長が話しにくいようなフレーズやカタカナ語・横文字の使い方についても気をつけておきたい。

カタカナ語・横文字の使い方には注意する。

PART.5

100

議案の提案理由原稿の作成を指示された

一般質問の答弁書だけではなく、議案の提案理由の作成を指示されることもある。最初にすることは、**議案の目的・効果、具体的な内容、必要経費、対象の範囲、全体の事業量予測、将来需要の予測などの確認**である。議会でどのようなことが審議されるかをあらかじめ考え、提案理由説明でそれらを要領よく示しておく必要があるからだ。

それらについては、事業の実施計画段階で庁内において議論されているものであるから、その関係資料を確認すればわかる内容だと思われる。もし、それらの内容が確認できなければ上司に確認した上で作業を開始すれば、手戻りも少なく効率的に進められる。

また、条例などの改定議案であれば、前回の条例提案時の提案理由を確認することも必要になる。その上で、変更点やその背景などを明確にすればよい。

提案理由書のボリュームは、それぞれの自治体によって異なると思うが、理事者が提案理由を述べるため、あまり細かくせず、ポイントを絞ったほうがよいと考える。議案の内容にもよるが、包括的な内容を中心にし、具体的な内容については簡単に触れる程度で詳細な事項は避ける。

私の場合、**新たな事業に関する議案は5分、改正であれば3分程度**を目安に書いていた。

しかし、予算・決算はその程度の説明では終わらせることができなかった。平均すると30分程度をかけ、予算・決算の背景から、予算編成の方針、予算総額、歳入区分・歳出区分毎の概要、継続費、地方債、補正債務負担行為などに触れて説明した。また、補正予算についての説明にも10分程度の時間がかかっていた。内容は、補正予算の概要・考え方、補正額と補正後の予算総額、歳入区分・歳出区分毎の概要説明、継続費、地方債、補正債務負担行為などだ。

いずれの議案も書き出しは「ただ今議題となっております○○号議案について、提案の理由を申し上げます」とし、最後は「よろしくご審議の上、ご承認賜りますようお願い申し上げます」でまとめることになる。

提案理由は簡潔に、理事者に相応しい言葉遣いで書く。

PART.5

101

忙しくて上司と相談する時間がとれない

議会間際になると、上司も議員取材など議会対応に追われ、その忙しさも相当なものである。

答弁書の原案作りの際にも、なかなか時間がとれずに上司と相談できないことも多いので、度々時間をとらせるのではなく、効率的に調整を図る必要がある。その際には、自分が疑問に感じていることやわからなくて困っていることなどをメモしておき、まとめて上司からの指示を的確に求めなければならない。

相談する時間は、昼休みや業務終了時になると思うが、それでも時間がとれない場合にはメモで確認するしかない。その際にも単にメモを置くのではなく、**作成途中の答弁書原案や未完成の必要資料などを気になっている箇所を明示**した上で添え、付箋紙にメモを残そう。そうすれば、直接説明できなくても、課長がそのメモを読めば、ある程度は悩んでいるポイントが理解できるので、課長の議会対応を邪魔することなく、自分も安心して答弁書原案や指示された資料作りができるはずである。

上司が忙しく、調整する時間がないときでも他セクションとの調整が必要な場合もある。その場合は、担当セクションの係長と相談し、情報提供を求める。調整後は、もちろんそれぞれの上司に報告しておくことで、上司同士の連携も図れる。

また、上司がいないときに議員が所管の事業内容を聞きに来ることもある。

議会前でなければ、上司が不在であることを伝えて、上司から改めて連絡すればよいが、議会直前期は議員も質問する上で確認したいことがあって聞きに来ているので、そのまま帰すわけにはいかない。その場合は、1人で対応するのではなく職員も同席させ、複数で議員に説明することが必要である。また、単なる事業全般の説明以外の、課題と考えていることや事業実施にあたっての問題点などの核心部分については、うかつに個人的な考えを答えるべきではない。自分の答えた内容が議会審議で問題になってしまうこともあり得るので、**核心部分について聞かれたときには即答せず、上司に報告し、上司から議員に説明してもらう**ようにする。

そのような場合以外でも、上司が不在のときに議員が聞き取りに来たこと、どのようなことを聞かれてどう答えたのか、そのときの様子などは上司に必ず報告しなければならない。

要点を整理したメモの活用などで、効率的な調整を図る。

●著者紹介

田村　一夫（たむら・かずお）

元多摩市副市長。1951年生まれ。東京都多摩市で37年間地方自治事務に従事。33歳で課長となり、その大半を企画・財政・秘書広報・人事等の管理部門を担当。55歳からは助役・副市長として行政事務を統括。退任後、管理職として、また副市長としての経験を活かし、将来を嘱望される優秀な人材を公務員職場に送り込むために「公務員試験必勝倶楽部」にて面接対策を指導している。また、多摩市の福祉サービスを行政組織外から支えるため、市内にある社会福祉法人楽友会理事長を務める。

公務員が議会対応で困ったら読む本

2018年４月24日　初版発行

著　者　田村《たむら》　一夫《かずお》
発行者　佐久間重嘉
発行所　学 陽 書 房
〒102-0072　東京都千代田区飯田橋1-9-3
営業部／電話　03-3261-1111　FAX　03-5211-3300
編集部／電話　03-3261-1112
http://www.gakuyo.co.jp/
振替　00170-4-84240

ブックデザイン／スタジオダンク　DTP 製作・印刷／精文堂印刷
製本／東京美術紙工

ISBN 978-4-313-18058-1 C2031